人群涌动
在风铃谷　我们平心静气
那是千年以前的风声吗
漫天的黄花风铃
不知哪一朵才是你的前世

李云华　著

风铃谷

广西民族出版社
Gvangjsih Minzcuz Cuzbanjse

写在前面

丘文桥

（广西文艺评论家协会副主席）

李云华又出诗集了。

此消息着实令人感到意外！是因为李云华在 2023 年 12 月出版了他的处女诗集《旧日的足迹》，时过半年，他竟然又攒够一本，而且是厚厚的一本。当我收到电子版《风铃谷》时，意味着诗人李云华的第二本诗集即将横空出世，备感意外之余，更多的是钦敬交加。

2024 年上半年，广西文艺评论家协会、广西民族出版社等多家单位为他的诗集举办了阅读分享会，专家们充分肯定了李云华的诗歌创作成绩。近年来在广西文学圈影响很大的“岜莱诗会”也在经过多重筛选、评定后，授予李云华 2023 年“岜莱诗会”年度诗人称号，这也是“岜莱诗会”这个平台对他个人年度创作成果的认可。此外，《旧日的足迹》诗集出版后，在读者中引起较大反响，短时间内的第二次印刷颠覆了当下诗集读者少、销量不好的态势……诸多好消息，不一而足，都在不同的纬度认同李云华的诗歌和创作。

这些成绩中的任何一项都是周边无数写作者梦寐以求的，而这些成果是李云华用他超强的努力来取得的，与他在诗歌创作之路上不断地追求更高境界、埋头学习、勤奋写作有关。对于在高校从事党务工作的李云华来说，他对于诗歌写作的孜孜以求，他所体现出来的勤奋和作品的高产高质，显得格外可贵，没有对于诗歌超强的热爱、过人的自律能力显然是做不到的。因此我们常常阅见到他在凌晨的朋友圈里不断地晒出他的新作，这些作品皆比较应景，带着温度刚刚写就，往往包含月光、夜色、街景、陌生人……而下班回家的路上时间则是他的写作时间，地铁、出租车则是他创作的场所，这样的写作用心程度，很多诗人是做不到的，李云华把自己“在路上”的写作实践从内容到形式展现得淋漓尽致。因而，李云华的诗情才思、笔耕不辍让他的诗歌受到众多读者喜爱。在某个非正式场合，我就见证过一位普通读者现场背诵李云华所创作的诗作《跟母亲擦得一样洁白》——“在这个寒冷的冬天汗流浃背 / 面对回到人间的这堵墙 / 我泪流满面”。当这位文学圈外的读者背诵完毕，在座的人无不为之动容，不仅仅是被诗歌本身的深刻意蕴打动，更是被这位普通读者对李云华诗歌思想境界的认同所感染。而作为诗歌创作的在场者，我深深感叹，写诗为文到这个程度已是十分出色。

很多这样的例证说明了李云华的诗歌深受读者喜爱。如是，他的第一本诗集得以再版可谓众望所归。我也更有理由期待他的这一本诗集能延续精彩。

在他的第一本诗集《旧日的足迹》的序里，我作为序作者对李云华寄托了深情的期待，期冀他“解放自己的思想，从而成为一个能够挑战自我、挑战当下写作潮流的诗人”。第一本诗集出版后，诗人李云华再度展现他好学的精神劲头，在很多场合，他都谦逊地向朋友们讨教，比如怎样对场景进行描摹、怎么处理语言和情感、如何提升诗歌的品质和格局……他的执着和坚持让他能够在较短时间的沉淀里进步飞速。显然，在这一本新诗集里，李云华的写作变得想象力更加丰富，更加注重现场感了，在意境的高度、意象的变化、语言的精练等方面都展示了一位成熟诗人的特性。

这本《风铃谷》厚重而空灵，展示了诗人对于山、对于海、对于自身生活的城市、对于人生、对于人性、对于梦想甚至信仰等全方位的思索。在这些思索里，有直观情感的、有人生哲思的，同样也有充分的留白，他刻意地收敛技巧，给读者更辽阔的放飞思绪的空间。

“山”是其重要的诗歌意象。地处“大山”的家乡“是我想逃也逃不掉 / 也是不知怎么逃的成长的一部分”；当梦想有了更多食粮，“就有可能把家乡喂养 / 成为诗和远方的田野”；在城市里找不到定位，身陷迷茫时，他写道“有人说爱一座城 / 有不同的理由 / 但我在邕城的城墙上 / 看见自己的影子 / 与城墙的轮廓一模一样”；他坐城向山，勇敢地写下“我是不是以一瓢水 / 告白所有无助的目光 / 顺流而下 / 前方有没有我前世遗忘的家乡”。

相对于山、相对于自身生活的城，诗人还写下了他向往的海。显然，海的辽阔击穿了诗人的体悟，“这是必经之路/也是必经之心”。确实如此，但又“有时候靠近/并不是要拥有/有时候远离/并不是失去”。诗人笔下的海有着很多不可言说的表达，在退潮的海、通往海的道路、搁浅的船中，无不留下诗人的感叹。“跟随自己的影子”，反复阅读自己的内心，这才是哲思与诗情能够带给读者和海一样辽阔无际的深刻启迪。

诗集中还蕴含着诗人对亲人的忧思、“人到中年”的困惑，以及对于人世间往往返返的人与事的思考。在这些思考里，既有诗人本身对生命的疼痛感，也有诗人动容的呐喊式的抗争。将仰望星空与脚踏实地的两种精神境界融为一体，并不断实现自我超越，是诗人李云华的写作追求，想必也是读者的心之所向。

写下这些，零零散散，不足为序，权当引读介绍，是写在前面的话。

毕竟：

“始终相信
真实存在，始终相信一切都已发生
或正在发生
不管是白天还是黑夜
梦境最真实
从来就不会说谎”

愿诗人李云华的诗歌之路更宽广……

目录

第一辑　开门见山

第二辑　向一座城走去

第三辑　海风吹过的夏天

第四辑　从人世间走过

第五辑　当我们仰望星空

风铃谷

第一辑　开门见山

回乡记事

一

有一次
从南宁到隆安
高速公路的两旁
无数的火龙果树沿路蔓延
还有一次
我从隆安到陇而
层层叠翠的群山
像巨大的摇篮
回到家乡
就像回到母体
自由自在且温暖

二

严重缺水

成为一种标记烙在梦里
每一次听到水声
都不由自主地咽一下口水
那些年月
母亲爬过一座山
到一个叫陇力的村屯排队接水
从傍晚一直到凌晨
母亲干渴的喉咙变得沙哑
当听到深井水滴的声音
我在母体里替母亲咽了一下口水
笑容挂在母亲脸上
我的泪水流在甜甜的梦里

三

那时候山村孱弱
贫瘠的土地上长不出烟花

但母亲康健
用双手撑起茅屋和孩子们的温暖
嗷嗷待哺的孩子们从来都不缺少阳光
母亲灿烂
村落就灿烂

后来母亲孱弱
山村变得壮硕
孩子们的肩膀也能撑起一片蔚蓝
散落四处的孩子像候鸟
四季分明
回乡的日子不多
但每一次母亲都小心翼翼地把孤独藏好

再后来，母亲住进了山上的土堆
山村明媚且富饶
而回乡的路隐入山峦

翠绿无声

四

每一次回乡
都忍不住走进小姑或大姐的菜园
摘上几株蔬菜放到车尾厢
每一次她们都悄悄地将尾厢装满
其实城里的集市菜品很多
但通通没有小姑或大姐所种的菜
有母亲的味道

五

小时候每到拔笋的季节
都会到山上采集鲜嫩的竹笋
竹笋去皮泡水焯水烹煮

留给家人
笋蛆和竹象虫
则放在瓦片上烤或者埋在草木灰里
留给自己四季消瘦的胃

现在回乡
堂弟的竹笋依旧爽口
而笋蛆和竹象虫
已不知所踪

六

我的童年
被玉米野菜红薯和山果喂养
也被鸡鸣犬吠和袅袅炊烟缠绕
时时盼望身上长出翅膀
像鹰隼自在翱翔

多年后飞离家乡
没入都市的繁华
归途越来越长

后来玉米野菜红薯和山果
追随到都市的农贸市场
追随到都市觥筹交错的餐桌
我们无法相认
只因彼此已不是当初的模样
鸡鸣犬吠和袅袅炊烟
是否还留在家乡
苦等一个远走的游郎

开门见山

开门见山
是我想逃也逃不掉
也是不知怎么逃的成长的一部分
老师在课堂上所说开门见山
跟我所体验到的一样
但有很多不一样的地方
老师说得抽象
我所见到的是四季的青山
青山的四季，大多时候眼里装不下
就拿起镰刀往山里走
把一部分青山割回来
赐予黄牛，让它拥有山的力量
大地收获更多的食粮

那是我的梦想
有了更多的食粮
就有可能把家乡喂养
成为诗和远方的田野

山　路

是不规则的石头
垒成不规则的路
曲曲折折，弯弯绕绕
在两座山的最低处相连
有时穿心而过
石板光滑如镜，岁月如洗
走山路的人赶路
风雨无阻
我背着书包赶路
不论寒暑

老师悄悄地对我说
这不是你的路
你的路在书里

山　巅

他自信可以抓住流云
哪怕只能抓住一早上被放生的炊烟
太阳出来的时候
山巅是金黄色的
山巅以下全是满目的翠绿

抵达山巅的时候
自己被染成了金黄色
淡淡的月牙在天边
一朵白云在头顶徘徊
刺骨的风，呼啸而过

山　谷

唯一不足的是没有溪流
所以没有听到水声
在大石山区，溪水是羞涩的少女
藏在离地百尺的井里

他在山谷挥汗如雨
挖坑，播种，施肥，培土
手不停，风不止
似有水流声
他止住，侧耳细听
空谷不语
唯有鸟鸣

山　泉

祖祖辈辈都说村里有泉水
涌出泉水的山叫作泉山
逢雨必涌
泉山脚下是祖先用手挖出的蓄水塘
水塘水满的时候
可以装下天空
装下天空落下的晚霞、月亮和群星
装下突如其来的大雨和冰雹

后来蓄水塘生下若干个孩子
零零星星分布在泉山山腰
它们都叫蓄水池
绵绵不绝地吮吸山泉水
阳光下，它们像一面面镜子
折射太阳的光芒
山泉水，很甜

山　峦

跟心情一样
起伏不定
每当夜深人静
你才可以抽身审视自己
半生已过，一路跋山涉水
越过林中崎岖小径
通幽处，万物默不作声

这些绵延万里的翠绿
在夜里也是起伏的草原
白云朵朵，像绵羊食草晒太阳
你甩出长鞭
有星星坠落

把这些装进兜里
闲暇时刻
把它含在嘴里
品尝起伏不定的味道

风铃谷

一

一定是前世许下的诺言
重坠人间
令我们义无反顾去奔赴

从那安快速路辗转
思绪万千
天空的蓝如千年以前
把心事点燃，万类霜天
策马扬鞭

二

人群涌动
在风铃谷，我们平心静气
那是千年以前的风声吗？

漫天的黄花风铃
不知哪一朵才是你的前世

仰头望去
一架飞机缓缓飞过
众多花瓣缓缓坠落

三

她们用草绳将花瓣串联
她们把花环戴成金色的皇冠
众神之神，请问今夕是何年

当年走失的公主
归来仍是万众瞩目的公主
心心念念
那张永远不变的脸

四

风起
有人推窗遥望
路的尽头，可有归人？
铃声悦耳
马蹄声碎

盼望的千年
尽在一声叹息中
匆匆而过

五

圆月高悬
是时候放下门帘
听月光着陆的声音

风铃声摇摇欲坠
有人开始靠近灯盏
仔细辨认千年以前兵荒马乱的词句
亲人是如何走散的

六

人群已经散去
一些信息已被认领
悲欢离合无须再现
只是落花不见
铃声依然

今夜有谁苦守这心底思念的潮汐
漫过心扉
直抵风铃谷？

在草叶之间

我已死，在草叶之间
我看见自己血脉里流淌的姑苏城外
有小船停泊靠岸
熙熙攘攘
只为家里那一双期待的眼睛
把孩时的画笔折断
我们回到现实，父母双亡

我能怎么说呢
再说也是那样的微不足道
我们走在这人世间
生老病死无可避免
只是作恶多端的人
却可以高高在上，倾覆杨柳岸

我把自己的身姿弄直
阳光照耀的时候

我和影子步调一致
有小孩害怕
影子一直追

炊烟袅袅
我已经告诉过你们
爱是不能复制的
我们来到人间
也不过是不期而遇

远去的村小学

他们说起的时候
我不相信，继而伤感
琅琅书声突然变成了回忆
变成了当年在教室后面捕捉的蝴蝶
做成的标本

瓦片盖的屋顶
泥土铺成的地面
木板拼成的黑板
带着浓重方言口音的老师
一遍又一遍，在孩子的心田里耕种
一遍又一遍，想象田地里美好的收成

后来孩子们都变成了种子
有些种在老家屋后的旱地
有些种在山坳狭窄的石缝里
而有些辗转成为落在城市的一滴雨

远去，用半生的时间
等来不经意的荒芜
几经风雨
教室从瓦房变成宽敞的楼房
而读书声越来越小
到现在鸦雀无声
变成寂静的乌托邦

只能回忆了
活着的记忆可以让村小学得以永生
就算被夷为平地，它也会在很多人的心底屹立
想想那些旧日的足迹
跟着我们奔跑
跑着跑着，再回首
汗水和眼泪交织
远去的村小学
你去了哪里?

外公的黄皮果树

如同一种隐喻
存在或者消失，都绕不过童年
瞳孔里面的痛
每当外公的黄皮果树弯下腰
落日刚好照着金黄色的黄皮果
或者说黄皮果本身就是无数的落日
沉甸甸地挂在枝头

幻想自己被指引
外公将一树的黄皮果送给我
然后我每天吃一颗就好
像酸酸甜甜的太阳
照着课本上的未熟的方块字
看着它们在阳光下奔跑的样子

多么美好呀，黄皮果熟了的时候多么美好
多么美好呀，黄皮果吃了的时候多么美好

做梦也好，外公还在的时候多么美好
人间四月，在天上的外公是否看见
他的黄皮果树开满了鲜花

达利村

不知道为何取这样的名字
也从来不去关心为什么取这样的名字
谁给取的
何必去深究

山峦从不深究我为何来到这个世界
达利村也从不关心我爬了几座山（无关痛痒）
我又何必去铭记
山一直沉默不语

我知道我没有爬过的山
父母帮我爬过
父母没有爬过的山
有人帮他们爬过
也不知道山会不会寂寞
每一次我在山顶大声呼喊
都听不到它的回应

达利村是石头做的
这里的人大多表面强硬而内心柔软
伤心的时候也会流泪
而我却是那样的铁石心肠
对旱地里长出来的美人蕉抛出的妩媚
视而不见

达利村也是柴火堆的
很多年了，卖柴火的达利村
成为一种姿势，在山与山之间
总有人起早贪黑
为了口粮和孩子们的前程
大山总是沉默不语

父辈的背脊弯曲
当我们成为他们存在的另外一种形式
穷且益坚是信仰

不是追求

如今很少人爬到山巅
达利村不需要爬山也能抵达理想的梦境
再回首已是漫漫长路
父母已经在山上安息
偶尔在梦中诵读我写下的诗行
犹如当年把我揽入怀中
抵挡寒冷的风
达利村，带着我们落入凡尘
尝尽人间冷暖
隐形的翅膀
在月光下，熠熠生辉

竹编的村落

盛产竹子的地方
一定拥有不屈不挠的品质
父亲从山上把竹子运回来
风都愕然
这世间竟然有如此坚定的信仰
默默承受流言蜚语
很多人不知道
从山顶背下来的不仅仅是竹子

所有被编织的时间
在祖辈脸上刻画入微
山上的竹子
按照规则
各自为家，茁壮成长

乡亲把竹子切成线也切成丝
村落需要完整地描述也需要动听的颂歌

父辈把我装在竹筐里
明面上说为了计量
其实只是因为时间多到无可奈何

父亲以一对竹编换来一世的安详
柴米油盐在霞光里都是那样的微不足道
袅袅炊烟是人世间最美的风景
一对竹筐可以换回父亲短暂的旧梦
当我回到熟悉而又陌生的门
我又回到了原点
酒呢，居然没有启封
你让我情何以堪

父亲最后的竹编
是蜘蛛网
过滤之后

只剩下怀念的残渣了
我学着父亲在网中央
静静等待

村口的两棵大榕树

从陇而屯翻过三座山
准备到荷利屯的山坳
两棵大榕树站在坳口两侧
仙风道骨
外婆出嫁的时候
它们苍翠挺拔
外婆 97 岁仙逝的时候
它们仍然苍翠挺拔

这是陇而屯抵达荷利屯的必经之路
当年父亲翻山越岭到达荷利屯
把美丽的母亲娶回家
注定孩子也要走上这条路
坳口的两棵大榕树看着祖辈父辈逐渐苍老
然后凋零，如落花
它们仍无法放下执念
每天迎来第一缕晨曦

每天送走最后的暮色苍茫

曾经有人在榕树上演绎课本里的猴子捞月亮
而我只是匆匆走过
偶尔停留，也只是在树下等候
一起去看露天电影的发小
现在已经秃顶
而榕树的发须却更加茂盛

我想很多孤独是不需要理由的
长生不老何尝不是一种孤独
但这两棵榕树
天上相缠绵
地下连理枝
长相厮守，永不白头

现在走山路的人不多了

几乎没有人愿意再走上这弯弯曲曲的山路
但总有一些例外
姑丈身在荷利屯，偶尔还是从这条山路走到陇而屯
我问姑丈坳口的大榕树如今可还安在
“心若在，情就在，况村口榕树乎”
姑丈仰头干了一杯酒
若有所思，若有所失

外婆的蓝色布衣

只记得外婆穿的是蓝色布衣
因为我很少看见她穿其他颜色的衣服
几十年了
从小到大
我都认为外婆只有一件蓝色布衣

有时候天空也出现这种颜色
这应该是天空的蓝色布衣吧

外婆 97 岁走的时候
带走了她的蓝色布衣
后来每一次天空出现蔚蓝
我都忍不住仰望，然后默默低下头

现在很多时候梦都是蓝色的
我的血液，也是蓝色的

独坐山谷　等村里消息

独坐山谷，任清风拂面
头顶的藤蔓潦草
阳光穿透叶间
一地婆娑

离山巅还有很远的距离
我接近地气，灵魂飘摇
沿着羊肠小道往下走五百米
可以接近生命的根源
以及我来到世间的意义

时光充满表面张力
而我却被南风吹皱
外公端详过的池塘
已过天荒
蝉鸣声长

独坐山谷，风光旖旎
映照悠悠前世
逝水流年。牧童遥指，炊烟扶摇
盛装的新娘扬起手，一路繁花
她将赐予我生命，乳名
并教我母语，哲学和圆周率

往生音乐会就在溪水间
清澈透明，往山顶奔流
音符清脆，深绿。有些逗留在草尖
有些在树梢流连
有些缠绕我，渗透我，吞噬我
我成为歌颂的一部分，学会缭绕
学会疼痛和慰藉，学会
在静脉里浇铸方块字，祈祷词，赞美诗

独坐山谷，等村里消息
等盛装的新娘
衔一枝玫瑰，随风而至

桂西农民

自以为没什么可以炫耀的
本身跟桂东、桂南、桂北的农民
没有本质的区别
几千年了，行不改姓坐不改名

但是我们不一样
方位不一样
秉性不一样
方言不一样

能聚在一起，因为我们是石榴籽
说不同的方言也可以畅通无阻
有时候一个眼神
胜似千言万语

其实我们还是一样的
想着进城建设高楼大厦

想着某一天自己可以住进城里的某一处
就算住进城里，村里的老宅也绝不放弃

有时候在石缝中种下苞谷
也不知道会不会有收获
老人告诉我们的
种总比不种的好

村里的人越来越少
有时候狗比人还多
但到了清明节、三月三、新春佳节
局面就完全颠倒

这是归途吗
桂西农民是不是也是候鸟
记住回家的路
就算千辛万苦

一片叶落
还有整片的森林
好久不进山了
也不知道那棵相思树开了几季的花结了几季的果

这都已经不重要了
我们都已经年过半百
有些人已经成为祖辈
有些人仍于旧途徘徊

在城里，桂西农民喝不上苞谷酒
只好用文字记录村里村外的一些事
我不想因为远离母亲
轻易地改名换姓

十万大山

跟数字无关
在数字之上
是顶天立地
在方言里，也是黄皮肤黑眼睛
在气候相交之地
它翻云覆雨

我们芸芸众生
仰望，云雾缭绕
登顶不一定能遇见仙子
却一定能遇到自己的内心
清静，伴有蒙蒙细雨
青丝已湿，路险道弯，风不择路

水从天上来
绵绵不绝，我捡起鹅卵石
轻放，拍照，然后让它回到水里

像骨骼回到肉身
撑起的皮囊
顶天立地

十万大山觐见
身在其中，有谁目睹这世间的芳华
流水潺潺，游人不知

空谷

群山之内
风很柔软
万籁俱寂，除了鸟鸣
和涓涓细流

今晚空谷无声
只有月光潺潺流过
树影迷离
所有能吟唱的圣灵
在指尖
一一掠过

今晚，冷无可避免
寂寂也无可避免
耳边响起的琴音
由远及近
沁人心脾

爱就是这样
说好不这样
往往都这样

风是最公正的审判长
它说
你爱的证据充分
依据情律
判处爱无期
剥夺非分之想终身

耕　种

她不断耕耘也不断耕种
在那块黄土地上
她种下玉米也种下高粱
种下红薯也种下黄豆
种下蔬菜也种下旱藕
种下芍药也种下香茅草

最得意的是
她种下黎明也种下黄昏
种下朝露也种下晚霞
种下炊烟也种下星辰
种下残月也种下山峦

唯一种不了的是远方
她曾尝试种下天空
天空生出好多白云
她尝试种下琴弦

琴弦生出天籁之音
她尝试种下梦想
她生下了黝黑的孩子

孩子不孝
漂泊远方
她念着孩子的诗句
在那块黄土地上
不停地耕种
种下自己
唯一种不了的是远方

风铃谷

第二辑　向一座城走去

与一座城同饮

撞进花丛
朱槿花盛情绽放
谁知道就有人懵懵懂懂撞了进来
花香是有的
只是我晕花
如梦晕出另外一个蓬莱

与一座城同饮
不论度数
邕江水长流
被勾兑过的水有温度有度数
有人涉水而来
有人拂袖而去

有人说爱一座城
有不同的理由
但我在邕城的城墙上

看见自己的影子
与城墙的轮廓一模一样

逃离
逃离飓风眼
逃离谎言
逃离风聚集的地方
我醉死像浮物
被风吹起

饮一方水
爱一座城
也许不是本意
但事已至此
就幽幽地把自己挖成深谷吧
深谷有风
可以把心里的尘埃吹散

流水声款款而来
不经意间流下的眼泪
在冬季
变成一场雨

向一座城走去

身边的石斧是昨天刚刚磨好的
它陪我入睡
边上是亲人
呼吸声清晰而悠长
我们所居住的山洞
冬季提前降临

星空很低很低
像万年之后的屋檐
挂着灯笼
他们是我的后代
只是我们不曾相识

水流声悠扬
左江右江的交汇处
青青草边，有前世白色的骨头
月光所照

我心如洗

明天，是不是有一场告别
在江边举行
我是不是以一瓢水
告白所有无助的目光
顺流而下
前方有没有我前世遗忘的家乡

走着走着
星空变成了行囊
阳光变成了前行的方向
近水楼台
我看见很多明月被撕碎
我看见江水向东
没有回头

风是我最亲的兄弟
它知道前方风雨雷电
也知道后方思念如流
远方
是邕江的胞弟
我停留
化作一座边城

烽火硝烟
我在历史的字里行间
保留最原始的诗意
很多人走过
手握着月光

而我只是月光下
岭南一个寂静的村庄

邕江之水

无须多言
静静地流淌就好
趁月色朦胧
穿过一座城
像无数马匹打开静音模式
悄悄抵达梦乡

鸟群入梦
无须打扰
霓虹灯在街角魅惑
流浪的歌者
他刚刚从酒吧出来
唱罢《真的爱你》
看着人潮涌动
唯有忧伤渐浓

他走到江边

捧起江水
看着月色在手心泛起的光芒
纯色的清澈得像女孩的眼睛
目光流转
月色迷离
风起的日子
如江上漂泊
你我从无例外
只是今晚歌罢
流水自朝东

梦里梦外
我们走出的棋局
邕江之水在天上流淌
一叶扁舟飞驰
今晚载月远去
明晨携日归来

邕江之滨

遇见是偶然的
如果时时相见，那也不可能
但既然遇见，总有悸动
或匆匆一瞥
或挥一挥手
总是好的

跟陌生人挥手，致意
要么被曲解，要么被忽略
但对于邕江
只要遇见，它会捧上十里芳华
更何况百里幽香

与邕江相遇，是在醉美金秋
懵懂少年，江边煮饺，江边畅饮
落日余晖，彩霞扑面
青葱年少，无惧，夜空沉寂

如今，百里长廊辉映
三十年光阴，风雨迷蒙
不负千年江水悠悠
路过历史驿站，马蹄声碎
日月如梭
今夜，世间皆醉
唯邕江独醒

徜徉在邕江之滨
万家灯火，如痴
想起母亲的遗言
“身过之后把我带入邕江
把我镶在邕江的水滴，时时流淌”

一觉醒来，满枕清泪
一江邕水，汩汩声醉
邕江之滨
静待君临

晚睡的邕城

谁知道呢
这座城市特别清醒
她知道爱的是谁
也知道淹死在泪水里的千山万水

挥手告别。跟月色轻轻地告别
但月色随我，我灭它灭
路人看着我
一个孤单的人

包括路边都是鲜活的
人来人往
烟火气
让夜色有了生命

凌晨了，散了吧
明天还会相聚

把伤心都忘了吧
我们在一起，都好

路边的灯光，迷茫
很多人，迷离
我走在南方的冬天
像走在春天的繁花里

晚睡的邕城
在晚睡的我的梦里
演绎得跟真的一样

月照邕城

今晚有些光亮被重新定义
比如今晚的邕城
月下苍茫，充满烟火气
旧伤被安抚，旧事被安放

月照邕城，邕城罩我
我从西乡塘的人间烟火
找到被照亮了的归途
一路都是那样的温馨，偶有吆喝
宴席继续演绎邕城千百年的民谣

我是在五线谱中睡着的
晚风将桂花、朱槿花和木棉花赐予我
它还赐予我醇厚的米酒香，赐予我邕江水一般的温柔
我把这些串成长长的梦
梦里有长长的森林
森林里有童年、有白鸽、有通往山顶的道路

父母在山顶被月光环绕

月照邕城，邕城罩我
有些事情被重新定义
有些思念被高高举起

邕水长流

披着铠甲
承受黑夜之重
在邕江边
夜色凝重

篝火弥漫
江水长流
北边战事未息
江边喂马
离邕城咫尺之间

我问何时回到家乡
邕水长流淙淙潺潺
旌旗飘处
雾霭沉沉

我问明日风波不信菱枝弱

天边残星诺
今生不再来
明日战鼓擂

我问来生可否抵今生
月光不语
邕水长流
你我像江边沉吟的一条失眠的鱼

月光轻薄
倾付滔滔江水
流金流银
清风拂过双肩

有人清唱明月几时有
有人清风作伴好还乡
嘶嘶马鸣

你我曾经路过天堂

闭上眼
夜色渐浓
营帐灯火通明
邕水长流渐远

千年以前
千年之后
你我相遇只在一念之间
一缕炊烟

邕水长流
在血管之内
也在人世间

邕城记忆

1995 年一朵白云降落邕江
没有泛起涟漪
1996 年相思湖畔
一朵花悄悄开放
被众生无视
1997 年香港回归
有人醉卧民大校园
图书馆对面的连廊
1998 年有一首诗在《三月三》
重现人世
1999 年有一场告别
在六月里不断上演
2000 年南湖边上
有人垂钓
有人步履匆匆
汉斯啤酒城的酒
治愈了很多孤独的夜晚

2001 年南宁国际大酒店以东
一幢幢楼宇刺穿苍穹
有星星坠落
2002 年民歌在城市的上空传唱
会展中心人流如织
各种方言碰出了火花
2003 年青秀山上长出闪亮东盟的建筑
千年铁树开花
不经意在龙象塔看见蝉蜕
路过水月庵错过观音禅寺
经文纷纷探出水面
2004 年民族大道不断向东延伸
沿线的楼盘被抢购一空
那时有人的口袋里只揣着两块二毛八
2005 年城市的西部开始书声琅琅
尘土飞扬但心中一尘不染
2006 年春天开始回暖

燕子在屋檐筑巢
七叔粉肠煲魅惑城市的胃
街边开始伸出越南螃蟹脚
2007 年的冬至
天空下着饺子
其中的一只落入寻常百姓家
温暖了整个家
2008 年日子持续忙碌
枝头开始结出硕果
城西开始车水马龙
2009 年有人在职业教育的史册里
画出了南方的一朵鲜花
2010 年城市的每一个角落
散发着桂花的清香
冬泳亭开门迎客
一位老人曾在这里
横渡邕江

2011 年诗歌涌入街头巷尾
水街人声鼎沸
猜拳行令面红耳赤
江面柔情似水
2012 年有人在江边牵手
捧着月光一起唱着《城里的月光》
有人看见他们相爱
在江中掀起波澜
2013 年从北海吹来的风
温暖了一只迷途的小鹿
翠绿的草原四季有雨
2014 年水街漂移到江南
一船诗词在江边停靠
有人叫卖起回忆
有人拼凑着残梦
有人默不作声
静静等着夜幕降临

2015 年有维多利亚海港的风
吹过城市的上空
一条贯穿东西的蚯蚓
在地底下蠢蠢欲动
2016 年五象新区阳光明媚
有眷侣在五象湖
遗失了海誓山盟
有些树木开花
有些树木落叶
有些树木如初见
2017 年 9 月底的明月
降落在一家医院的产房
蓝色成为邕城的底色
2018 年有人从红旗渠归来
撞进了图书馆的大门
世界变得异常安静
甲骨文竖起耳朵

偷听千年墙外人间的消息
2019 年年初一场大雨倾盆
有人护送母亲回到家乡
点燃篝火
在村口立起了墓碑
2020 年有人与书本里的老师相认
他的名字曾经与汪曾祺
并列排在大学的讲台
有人从此打开了另一扇门
2021 年寒冬腊月
有人烧火取暖
在天地之间找到一席之地
也找到散落人间的星语
2022 年瘟魔败走
万物复苏
人们交头接耳
议论着梦乡之船

日渐逼近
2023 年有人微醺
在邕城的某一个角落
写下了邕城记忆

民族商场

它的南边是朝阳花园
东边是烈士纪念碑和展览馆
北边是双孖井和人民公园的大门
西边是 4 路公共汽车的终点站
那一个周末我从过街天桥
进入朝阳花园
沿着民主路走到广西日报社
在编辑部的门缝里塞了一封信后如释重负
来到纪念碑献上一束花
出了公园大门进入双孖井
吃一碗蒲庙熬制的人间烟火
右转来到民族商场
四楼卖音响的地方循环播放《九月九的酒》
打包好摇滚乐队的一无所有
顺便到三楼买了一件格子衫
到二楼逛了一圈
碰到几个久别的同学

嘘寒问暖
天色渐晚
回到 4 路车终点站
挤上公交车
摇摇晃晃踏上了归途
回到遥远的相思湖

4 路公共汽车

我说的是三十年前
从邕城西郊到朝阳广场
每半个小时才一趟的
4 路公共汽车
售票员的口头禅是
请大家往里走
里面是空的

4 路公共汽车是贪吃的蛇
在民院站
被人群挤进它的嘴
它就开始胃胀
吱呀吱呀一路呻吟着
不忘在下一站塞进若干人
也不忘从后门吐出几个人

我们这些没有消化的人群
在朝阳广场被它一吐为快
然后又吸进新鲜的人群
走回头路
吱呀吱呀一路呻吟
把每一个人送到
该到的站点

在城市的街道穿行

这是意象之一
在熙熙攘攘的人群里
作为最小的微粒
被风裹挟
繁花溢满眼角，吆喝叫卖声更甚

气息里有乙醇的味道，貌似昨晚最后的话语
我们都没有资格
拥有不明之物
螺壳里面的肉，瑟瑟发抖
加上麦芽度，就是剧终

灯光是明亮的
照耀得街道慵懒
疲倦是此刻的形容词
天空依稀的星光
曾经占据你的床

穿过城市的街道
车比人多
而车流只不过是血管里面的血小板
被血浪推送
日夜不止

忽然听到涛声，不是江水
我站在海岸边
空想一桩即将离开的心事

天上街区

有白云逗留
有飞鸟遨游
有火在燃烧
有乌云密布，葬礼如期举行
闪电是最重的回应
有人仰望，有人颔首
有人拎一袋真言
横穿马路
空荡荡的风
吹着空荡荡的身躯

只有怀念可以填满这空荡荡的身躯了
在天上街区
怀念在寻找怀念的羽翼
泪水在敲打泪水的翅膀
漂泊的船在打转
这是多么辽阔的玻璃窗

把天空和大海往里装

我就附在玻璃窗上
品茶，闭目，思乡
在天上街区
等待一场大雨
从窗前飘过，看雨燕
翻飞在雨里

那考河的星空

我羽化成蝶，在邕州之城
磨砺渗进每一寸肌肤
前路星光闪耀
蛙鸣，是我最美的歌谣

清风拂面，萤火，是我手提的天灯
向北或向东，做星光烛火
照亮赶夜的使者
照亮心底那一汪清澈和深不可测的爱意

低头赶路，把夜远远甩在背后
陌生人不说话
但脚步轻盈，他们身上有光
跟我一起追赶盛唐

盛唐里有很多诗情画意
在那考河的上空缭绕

被一道光演绎
凤凰涅槃的传奇

从现在开始保持奔跑的姿势
保持向上飞升的姿势
为你，为一条腾空的巨龙
泽披万世

凤凰谷

是从淮安到南宁
还是从南宁到淮安
唯一的答案
在南开大学礼堂，熠熠生辉

理想弥漫在山谷里，清澈透明
潺潺流水，是来自天上的舞蹈
所有的安宁
来自革命之旅
来自心灵深处的生生不息

爱，穿过千里硝烟
烽火连年
锦书难寄
众人在谷底手捧清秋
掬月成光

让竹影婆娑
让山谷辽阔
在凤凰谷，所有的念想都是归途
也是泅渡

静坐凤凰谷
一起回忆风餐露宿
一起回望来时路
一起在心底取一瓢水，化作泪水流

在凤凰谷，第一不可忘国忧
第二不可负卿卿
有神仙眷侣呢喃
望你珍摄，吻你万千
纸短情长，还吻你万千

最后一班地铁

离地心很近
离落日很远
我跌跌撞撞
倒在黄昏的余晖里
万马奔腾，只在天上有
梦里，花开四季

最后一杯打翻了
敬地下的兄弟
人们各自散去
我被河流挤进了地铁
最后一班地铁

最后一班地铁
肃穆，寂寂无声
我们都认真听取来自天上的叮咛

早点归家

很多人已经半途下站
只有我执拗
以为父母，能陪我走到终点

风铃谷

第三辑　海风吹过的夏天

关于海

关于海
有很多传说
在人世间兴风作浪

而我沉溺情爱之间
不舍左右
误入歧途

从天而降的雨
比闪电轻
从眼角流下的泪
比人间重

她一直不接电话
就像我逝去的母亲
爱我
也是悄无声息

退潮的海

这是必经之路
也是必经之心

有时候靠近
并不是要拥有
有时候远离
并不是失去

海被锁在一本书里
标点符号是过往的船只
断句是风掀起的巨浪
而感情是线装旁边
被翻阅的折痕

只有退潮的时候
海才从扉页
湿润我们的眼睛

我不敢靠近
因为从未拥有
亦未曾远离
因为从未失去

在海上漂泊
我在文字的浪里
听到玻璃坠地
听到有人呼唤着我的名字
由近及远
由远而逝

红树林在城市的静默里低语

她们在城市的上空
翩翩起舞展妖娆
我融入海港
在生活之上
在无限延展的滩涂
她们是使者
把天上的盛事
移植到人间

船队沿着海岸登陆
城市在海风里是母亲呼唤的乳名
方言一直都在
草帽　渔网　海鸥和轮渡
是城市亮丽的风景
她们网住了似水流年
在城市的心脏兜售海龙王陈旧的披风

时间是静止的

城市在涌动

世间熙熙攘攘

落霞款款　涛声依旧

待人群散去

星星点点

她们在城市的静默里低语

城市的胎动

在梦里

在企沙

芦苇　碧海　蓝天
怪石　灯塔　沙滩
调整景深
调整白平衡
调整色温
调整落霞飞翔的姿势
调整整片海域错落的布局
好
就这样
咔
留住了
镜头里一只悠闲的勺嘴鹬

走在宁静的夏天

阳光是热烈的
花朵也是

街道人流如织
有的撑着伞
有的沐着光

都是幸福的，我想
所有的微粒都藏有自己的光芒

我跟随自己的影子
相信对方是快乐的

默默地，不用声张
别惊扰这一隅无边的安宁

宁静的夏天啊
请牢牢记住
没有硝烟的空气真好

天空明净，万里蔚蓝
洗过的时光，但愿永久。如需交换
我愿意交出粮食和梦想。如若不足
请母亲从丰饶的土地补上一点，一点就好

上　思

一路上风是咸的
是海一路给我们祈福
从南宁的武鸣区到上思
心里的潮汐
在天空聚集

一路无话
好像泄露一个字
就是泄露天机
上思是一个隐秘的王
走进它，都是那样的慌慌张张

还好我们怀着敬意
一路上，漫山的芦苇
弯腰致礼
每一辆车通过，它们都谦卑自牧
躬身致意，我以为不仅仅是致意本身

更深的寓意
在层峦叠翠的群山，我们即将抵达的深意

骨子里面，风吹过一千年
上思的风铃，等了一千年
嗒嗒的马蹄声，是归人还是过客
清风不语，明江潺潺

所有的词不达意是因为爱
所有的靠近即是远离
但今晚，我们不是若即若离
江面上有不明物体
侵入骨髓

端起相思的酒
十万大山不胜酒力
对于爱
我们都语无伦次

夏日的隐喻

强忍着燃烧的天
汗如雨下
走在人行道，与车流挥别
街道仅有的绿意
已经铺满天空

匆匆是此刻的本意
再走过三个十字路口
就可以抵达今天要抵达的地方
通过门岗，记录身份信息，上云层
只要把这个装着故乡的信封
交到你的手里，就好

邮戳很重要
但没有我这张邮票
也只是地址不详或者查无此人
躺在邮局的某个角落

暗自落泪

真的，你不用把温暖寄给我
我的冰箱里装满了夏日
我们这一生，都不缺阳光
但有人说，他缺爱
他在工地上砌砖，把高楼安抚成自己的孩子
一年四季
不同的小区不同的业主，把爱随意丢在路上
多可惜啊，道路很快被清扫干净

回到家，空调已经开了 24 小时
电表旋转像孩子奔跑时高举的风车
旋转不止
但凉意覆盖了整个空间
有人伸出双手
把黑夜狠狠拥抱了一下

叫卖声不断
车水马龙又回到唐诗宋词的文字里
我们懵懂，不知道有神仙从头顶悄悄飞过
酒入愁肠，相思湖的酒
像晃荡的人间，也像晃荡的我
在某一个村的街道偶遇故人
还没到夏至
已经有人悄悄把贵妃的笑
拖入茫茫夜色
一个男人坐在田埂上
抽了一夜的烟

接近夏天

在南方，四季分离基本是一个伪命题
所有的记忆
都跟夏天有关
很燥热，找不到春夏的边界
找不到自己锚定的航向
找不到四月天空的诗意

今晚一路繁花
酒入愁肠
天上星，闪闪烁烁
我逃不过这迷离的春色
唇齿之间
爱总是把我从边缘拽回

没有可以躲雨的屋檐
在夏天，屋漏总是无可避免
绿光乍泄

我们过于执着，看不见吐蕊的花
也过于寂寞

把厚衣服整理一下
也把衣服上的尘埃过滤一遍
这样我们就会一尘不染吗？
好比披着羊皮的狼
假装认真地吃草

热浪总会来的
夏天，我们无法抵挡的不过如此
地面温度 70 摄氏度
在南方常见
在心里，是荒凉

我打马路过南方
热浪翻腾

夕阳尽好

邕江流着无尽的血

那可是我用了半生换来的夕照苍茫

这是一条通往大海的道路

这是一条通往大海的道路
悠长悠长地从我的脚下延伸而去
道路两旁的古老建筑默默指认着
这是一条老路
我从小走到老
它还是老路
直到有一天
海风捎来春天的气息
这条路铺满鲜花
我才知道这条长路的尽头
一直都是春暖花开
走到海边
我垂暮
君未老

里约热内卢的树

热带季风经过这里
耶利亚女郎沉迷这里
跳动的舞蹈和文字
在这里休养生息
里约热内卢
像一棵棕榈树
守护着南美洲的门户

海岸线绵延万里
在梦里它是母亲手中的一根线
里约热内卢是针眼
远方是无尽的尽头
在大西洋
那一汪眼泪
摇摇欲坠
我哭了
母亲紧拽手中的线头

而我却在四处漂泊
或印度洋
或太平洋
或北冰洋
或大西洋
但无论漂到哪里
最终的目的地是曾母暗沙
最终没有断流的
是黄皮肤下面涌动的长江与黄河

我想总会有一个人
总会有这么一天经过我
惊叹地说
看
里约热内卢的树
长出了粮食、淡水以及和平鸽

一只搁浅的小船

就像一只小船搁浅
偶尔风吹
就不停地摇曳

有时会有人路过
有时也会看上一眼
然后好像也没什么印象
如果有人止步
用手机把我拍下来
我能给她一江春水
也能给她绚烂的天空

现在正是我最美的时候
也是最富饶的时候
天色渐晚
夕阳映照
在我身下是绚烂的彩霞

在我的头顶也是绚烂的彩霞
邕江就像柔软的彩色丝带
缠绕在邕城底心
来吧，我什么都可以给你

我是一只搁浅的小船
在邕江之上徜徉
也许还有远方
也许这里就是远方

龙　鳞

退潮和涨潮
其实是一个概念
就像生死
不过是袅袅炊烟

只不过我们来到这个世界
总要留下一些痕迹
比如掌纹
比如生辰八字
比如星球之外
那些曾经属于我们的星球

人类总喜欢给自己文身
或自豪或心虚或不明所以
都可以不论
再大的文身在宇宙
也是那么的渺小

但我发现自己不知什么时候
身上长了鳞片
跟鱼鳞不一样
比鱼鳞薄
却比任何充满雨季的雨露都丰盈
我能说什么呢
潮湿的心
比梅雨时节
还要厚重

今晚晴空万里
但月已沉坠
只有星星是我的朋友
也是我们从小就忘不掉的万里无云

我流下了泪水
人世间
大雨倾盆

靠近海

靠近
不断靠近
天空很空
我如是
只有靠近
靠近最底层
靠近最洁净的地方
我才可以真正看清自己

所有见到的这一切
都不是自己的
自己赤裸而来
在人世间
思有所得
念有所失

人与人之间的碰撞

可能撞出一个春天
也有可能撞出不同的人生坎坷
而我与大海的碰撞
会不会撞出一滴鳄鱼的眼泪
或是一叶扁舟
漂泊他乡

靠近
不断靠近
我要看见蓝天亲吻大海的样子
也要看见
浪花消失在无尽的浪花中
我要靠近
不断靠近
海的心脏
我要知道里面到底有没有出现过我的倒影

我深爱着
深爱着不断靠近
只有靠近才会体会到爱的咸
才会体会到今生冷热酸甜
把水推上岸
风吹过的地方
都有海的波澜

靠近海
靠近自己的内心
听听海风吹过几千年
海风吹过的夏天
桅杆最顶端，有海鸥滑翔
碧空如洗，如海深不可测
海风吹过的夏天
有火苗晃动，蓝色的火苗在海上晃动

沿岸是从我身上剥离的心事
刺眼，困倦，顶着烈日
而你在彼岸驾驭蝴蝶
君临花丛，隐入凡尘

我俗性未改，在海岸线痴痴等待
海风吹过的夏天
步入苍茫，渐次登顶
天空下坠，成为海
我飞升，成为一缕青烟
彼岸，大雨倾盆

夏　至

习惯了立竿见影
习惯了风雨兼程
习惯了你不在的日子

今天我放慢脚步
听蝉鸣把夏日拉长
已经不能再长了
过了今天，日光渐浅
与日光一起变浅的
还有我们的眼泪，它经不住
壮丽河山的美，也经不住
壮美河山无故蒙尘

擦亮眼睛，今日立竿无影
北回归线以南
荔枝晶莹剔透
而很多眼泪来不及滴落

就已经不是眼泪
悲悯从来就抵不过味蕾
绽放的光芒

明天开始，影子越来越长
而我们目光所及
早已越来越短

不要轻易倾诉

不要轻易倾诉
不要把自己的内心交付他人
不要让泪水，淹没自己的泪水
不要让悲悯，掩盖悲悯

不要让血淋淋覆盖雪
不要让星空辜负孩童的眼睛
不用想起我
夏日里，执拗撑不开的花

我属于春天
属于父母劳作之后舒展的笑颜
现在夏日炎炎，父母已在山间
静默
是说不出的伤感

也曾经爱过某一颗残星

人世间，灯火辉煌
蓦然回首
你不在灯火阑珊处

倾诉
只为海
只为那些漂泊的唐朝旧事
我们一起下沉
到海底，我们得以重生

不要轻易倾诉
因为我们，也许早就不在人间

过

晃一晃
春天就过了
来不及说的
夏天再说

炎炎夏日
火热的，不仅仅是空气中流动的物质
我们所说的每一个字，都在燃烧
火苗像水花
茫茫大海里的一小朵

可以拥抱
可以伸出臂膀
占有空
占有所有的空
我们涉水而过
背后一无所有

但我听到风声
最大的尺度
是特辣的螺蛳粉
来一段我们无可磨灭的撞击
万一撞出一个春天
哪怕做一株绿植也好

挥一挥手
你就远去
唯有不变的轨道
孤独的，等下一个轮回

过就过了
有时也是爱过不过
谁知道呢
夏天之后
会不会迎来金黄的秋季

算了吧
过着吧
到金色黄昏
所有的都会灰飞烟灭
我只想告诉你，临近夜晚
我愿意一直陪伴你
过

夏日的午后

窗外，雨后的阳光在路上徘徊
风过无声，而鹧鸪不知疲倦
在树梢举办演唱会
这个演唱会，我也许是唯一的观众

这天籁之音引来阳光和鸣
也把旧日的伤痕抚平
而我经不住牙疼和偏头痛的酷刑
只能供认阳光如沐，疗养众生
鹧鸪翩然，以羽翼之轻承受生命之重
可我作为唯一的观众
竟是这样漫不经心

第四辑　从人世间走过

怀念妈妈

妈妈，对不起，我不应该奢求那么多
让你在另外一个世界保佑我安宁
我不应该在冬天来临想着你织的毛衣
还是那样的暖
妈妈，对不起，我不应该奢求那么多
让你在无边的黑夜为我留着门
我不应该沮丧地回到家说妈妈我好累

妈妈，我知道你离我并不遥远
我知道我受到的恩惠都有你的念想
就像昨天我在十字路口找不到方向
冥冥中却找到了回家的道路
妈妈，对不起，我只是想回到家吃上你煮好的饭菜
外面的美食很多
却不如你做的农家小炒

妈妈，对不起，今晚我喝醉了

一路胡思乱想
想着有你在的时候
我是多么的幸福啊
回到家
你一直坐在沙发上等我
让我喝下你准备好的蜂蜜水

妈妈，对不起，我在人群中努力做你想要的样子
行色匆匆
我又怎么可能转眼之间回到你的身边
不断加班加点
那是你教给我做人的本分
做一个坦坦荡荡的人

妈妈，我现在坐在地铁上
人不多
没有当时我跟你被人挤着的样子

但归途未变
只是我身边缺少了你
空位我帮你留着

妈妈，秋天快到了，村里比城市要清凉很多
记得盖好被子，别着凉了
万一感冒
我不知道
那边有没有人民医院
有没有社区医院
但我觉得药一定会有
因为你知道哪一种草治什么样的病
山上都是草药
你伸伸手就可以找到良方

妈妈，乡村的夜过于厚重
点一盏灯吧

让黑夜轻一点
我希望原野中的那些萤火
在你沉睡的上空
点亮你从未点燃的梦

妈妈，我想你了
你哺育我的乳汁
现在在我的眼角
成为泪水
慢慢地顺着我的脸颊
流下来

梦里梦外都是你

有很多次
我只能依靠梦
接近你初掩的门
有很多次
我只能饮尽杯中酒
寻找归家的路

今晚我把前生作为赌注
把你安放在人生的阁楼
摆在人世间
输与赢
只不过一瞬间而已

现实很残酷
不想让残酷接近你
我干了一杯酒又干了一杯酒
天色渐晚

我也渐醉
在星辰坠落的一刹那
我酒醒
重回人间

离你近在咫尺
却比天涯更为遥远
天上星星知道我们失散的时间
知道我们被阳光照醒
我们醒来
如若梦中
梦中我可以飞檐走壁
也可以煮酒论英雄
可以穿越大漠孤烟
甚至可以变换时空
那是万能的
世间万物

有自己的执念
对于我自己
不过是一缕炊烟而已
醉了的炊烟
也一样摇摇欲坠找到回家的路

可以飞檐走壁
却不能走近一步拥抱你
时间最悲哀的事
是此
也不是此

春天都是快乐的
除了倒春寒
但秋天还是那么美好
它给我送来了美丽的公主
还有森林里面流淌的散文诗

爱我，就像爱这样一个星球
我们看不到对方
但彼此都感受到对方
一直默默地注视着自己

从不存在的臂弯中醒来

很温暖
也很幸福
我在母亲的臂弯中
做了美好的梦
蓝天
雾霭
流岚
停留在山间

天上有流云
有人说
天堂不在天上
在有爱的心间
青草含着露珠
我含着母乳

青山依旧在

风游弋在山间
幸福是梦里升起的朝阳
天亮了
很多都将镌入我们的眼
父母不老
音容依旧

泪水发酵成的水
也是烈酒酿成的泪
苦的苦
醉的醉
我们像蒲公英
流落他方

今晚
我是幸福的
从不存在的臂弯中醒来

温暖还在
只是回到暂居的陋宅
再也没有看见等待的脸
父母在
不远游
父母不在
漂泊的心无处安放

从不存在的臂弯中醒来
我像一朵花慢慢盛开
慢慢地醒来

爸爸的脚步

爸爸从阶梯一步一步往下走
慢慢地一阶一阶
他望着远山
似乎有着前世今生的思考

身后的孩子饥肠辘辘
他自己更甚
只是这远方
有没有乳汁
他心里没有底

他爱过
把自己的一生交给命运
结婚生子
那些鲤鱼跳龙门的传说
爷爷把它挂在门楣上

所以我只不过是
你跟母亲不小心把我安放在
山间一缕吹过的风而已
我只是风
流动的风
流动的爱而已

就这样吧
一生很快逝去
我所能爱的只不过瞬间而已
我们再怎么相爱
也不过是一瞬间

老　宅

我还小的时候
它很大，包容着我无力的童年
和无边的想象
我长大以后
它变小了
但至少容得下一家的团聚

人到中年，两鬓斑白
回老宅的时间少之又少
如今老宅只能装得下我无边的想象了
骨骼逐年变脆
勉强撑起干瘪的皮囊
哪来那么多崇高的欲望！

我推开门的时候
正对父母的灵位
阳光像海水般涌了进来

我的身影如一叶扁舟
被阳光推着，摇摇晃晃
父母注视着我
沉默不语

步入中年

不知不觉走进了秋天
当我靠着湖边的栅栏
凝视落叶
金黄色的卷起的边缘
我就在此刻步入了中年

落入两鬓的霜花
不承认秋天已流落凡间
但中年总会在某一个路口
静静地等你靠近
等你打一个寒战

就在刚才
我在路口打了一个寒战
才走到这寂静的湖边
落叶一片一片
金黄得像黄昏

像黄昏里挂在天边的诗行

其实距离黄昏还很遥远
中年也还会有春天
也还会有半亩花田
只是透过指间
我看见了岁月不居和沧海桑田

步入中年
身后繁花似锦
前路落英缤纷
转眼之间
记不清走过了多少光年

这淅淅沥沥的雨

这淅淅沥沥的雨
不是梦里的
它有点冷
有点像童年里
那些冬月

在还没到秋日的夜光里
酒杯里的液体
跟这淅淅沥沥的雨一样
一片片从天而降
我说我醉了
但雨淅淅沥沥
从来就没有停下来的意思

我试图忘记月光如雪的美好
也曾试图忘记这阴霾
带给我的伤害

但淅淅沥沥的雨从来就不想回答
也从来不解释这都是为了什么

一路浅水泠泠
从天上流落的雨水
今晚堵住我的去路
我要么淋雨
要么缩在阴暗的角落
等雨停

那是不可能的
有一个声音从雨中传来
今晚我一夜无歇
让你跟我一起哭泣

我没有泪水
我说我无能为力

淅淅沥沥的雨说
阻挡你回家的路
不是我
是你那淅淅沥沥的泪
流在今晚的夜空

每一个转身都是天注定

从来未曾想过
经历过的地方
在梦里或在不经意间
重现

从来未曾想过
曾经路过的大门
有一天你必须走进
直抵它的心

一路走来
我们不知不觉走散
然后在某一个瞬间重逢
在某一个似曾相识的地方

聚即是散
散即是聚

我们每一个转身都是天注定
缘起缘灭，一念之间

秋来
白昼越来越短
暗夜越来越长
再见即再也不见

我们可以交朋友吗

那是 1995 年秋月
相思湖一如既往静若处子
四坡一栋的月光
明显浓了些
月光下有人念着赞美诗
有人在陌生的寝室里不知所措

她和班主任到男生宿舍检查
她是团支书，胸前戴着徽章
他是最不起眼的男生
他的床铺靠窗，上铺
那一夜他彻夜难眠
有人留给他的纸条
字迹娟秀
“我们可以交朋友吗”

那一夜明月挂在窗前

他思绪万千
与相思湖初遇
没有一个形容词
可以配得起湖水微澜
遥远的故乡从未触碰
心中泛起的涟漪

二十几年了
相思湖依旧
月色依旧
但是窗前对明月
非他亦非她
她在他的朋友圈里读诗
虽然读不懂
却偶尔怦然心动

一直在等一个答案

相思湖的上空星光依然
“我们可以交朋友吗”
湖水寂静
夜色朦胧
没给答案的素人已坠入梦乡

如果可以

如果可以
请告诉我还有多少时间去爱
如果可以
请让我爱你余生够不够
如果可以
把我忘了吧
这样你拥有的会是更多更多
如果
我们从未谋面
从未伤过对方的心
像从未见过的雪莲
开在冰冷的风里
从未想过
每一缕风
都是锋利的刀

梦醒时分

最后听到的是地铁播报的声音
玉洞站到了　请先下后上
我彻底把自己弄丢了
找不到出口
站里空无一人
漫无目的
往返
寻找
最终发现出口是一片旱地
干涸的
心都裂开了
抬头仰望
天空是黑的
我被母亲种在土里
只好等一场雨了
这样才能发芽和破土而出

才能重见天日
才能跟失散的兄弟
重聚

春　困

谁也挡不住二月的风
尖尖的绿叶
瘦瘦的天空
都是被它裁出来的
而我却是被昨夜的雨裁剪
剪成倒春寒式的窗花
剪成睡神不愿醒的样子

如果不是闹钟太吵
我的梦肯定更加绵长
晨曦的光线不可能穿透窗棂
告诉我昨夜落英缤纷
小区的过道都是花瓣和细碎的落叶
一群小鸟鸣叫着从窗外飞过
第二群小鸟鸣叫着从窗外飞过
第三群小鸟鸣叫着从窗外飞过
第四群小鸟鸣叫着从窗外飞过

它们不是同一群小鸟
却唱着同样的歌
我想它们肯定把家乡弄丢了
在春天里急着找回

匆　匆

像过客
匆匆路过
像你
无法停留

你走或停留
也就匆匆一瞥
而我也成为你的过客
我骑着忧郁的马
你骑着辽阔的天空
相遇
只不过是匆匆

今晚梦里相见
也许永久
也许匆匆

奔　跑

多少年了
我奔跑着从体内剥离
目睹这具日渐苍老的躯体
配不上它经受的苦难
也配不上它高贵的灵魂

它在酒精和世事的纷扰里
逐渐迷失
逐渐无力
希望终有一天
它抬起头
万物皆醒
二月二从我的头顶降落
我终于回到体内
回到柔软的二月天

打开一扇门

打开一扇门
光就涌了进来
门外花开不败
我们不知从何而来

哲人说
打开一扇门
另一扇门就会关闭
就像太阳升起
月亮就沉默不语

不敢想象某一天
我关上一扇门
另一扇门却未开启
花呢
还有没有闭月的心事

别关门
我的人生
经不起另外一扇门
也关着

等

等一个虚无缥缈的消息
等一个活在书签里的人
被阳光照耀
却备感孤独
那些阳光里的冷色调
在蔓延
如暴雨过后漫涨的河流
浑黄得像黄河水
从涌动的水面游过
不可抵挡的只有与生俱来的孤独

其实不仅仅是孤独
欢乐也备受冷落
冷静的光晕里
飘荡着一个词
乐极生悲
这已经不是第一次产生

这样的念想
多少年来
我们争执过的
那些无法和解的触碰
在夜里辗转反侧
真不知道明天太阳升起
我们是否能在镜子的前面
找到自己

很多时候
孤独是街边阁楼上的那一串风铃
等不到风的来临
我们等
等熙熙攘攘的圩日
也等寂静的夜里
一个陌生人走过街道的细碎的脚步声
月色朦胧

而我们身在他乡

今晚
那个在街上行走的人
好想拥有一栋房子
好想闻到妈妈的味道飘过街巷
从未忘记来时的路
却已然踏上更为艰险的征程
星光灿烂
夜色苍茫

等
等一个泛黄的日子
我和你一起拿出当年的日志
用皱纹辨别我们曾经走过的崎岖小径
颤颤巍巍的手握着对方
颤颤巍巍地说

这辈子
认识你真好
就算不在一起
也很好

他是无罪的

他想在天地之间立碑
他是无罪的
他从未盲从也从未标新立异
他努力活成别人期待的样子

天空是蔚蓝的
他歌颂天空
高山是雄伟的
但他还是歌颂自己
就像母亲盛赞自己的儿女
却从未顾及自己

有什么比血液更鲜明的血液吗
有没有比未知的焦土更加未知
我们四处流浪
却从来没有遗弃过故乡

就像从来没有遗弃过自己

母亲说
儿子
我回不到的地方
你永远也回不到

今晚的月光真好

今晚的月光真好
它静静地靠着我的窗台
柔和却略带凉意
默默无语

今晚的月光真好
它轻轻地拂过树梢
像母亲抚摸着孩子的额头
爱意流淌

今晚的月光真好
它趴在列车顶
去了远方
有海有草原有洁白的冰川

今晚互不打扰
想着那些如水的月光
用带着方言的语调对远方说晚安
真的很好

南方的夏天落着秋天的雨

这些天都被密雨包围
凉意从背后渗透
撑着伞走在潮湿的路上
缩紧潮湿的心

前路阴雨绵绵
思念变得纤瘦
呈丝状
织成网
一只蜘蛛在沉默中等待
触网的那一个相思的人

南方的夏天飘着秋天的雨
开花的季节
刮着秋天的风
街上人流如织
总有一个北方的过客

有回到故乡的错觉

思念变得更加脆弱
而我还要装出坚强的样子
南方的夏天落着秋天的雨
我在雨中
雨在心中
不知道故乡母亲的坟头里
是否也在刮风下雨

父亲的音符

并非刻意
遗忘过去那些平平淡淡的日子
只是想着回忆
融在空气里的音容笑貌
严厉的眼
宽阔的双肩

庄稼已经收好
老去的终究还是老去
云烟就在不远处
泛着幽幽的光
照着在屋顶飘扬的音符
你用一生写就的歌
没有消逝
每个宁静的夜晚
悄悄地漫过心坎

浸湿了整个炎热的夏天
父亲
你在那边还好吗

回望故乡

我曾不止一次把自己置身于浓浓的夜色中
看着人间烟火忽明忽暗
像天上星，眨着不一样的眼睛
每每这个时候
我就忍不住仰望
遥远的无边的深邃的夜空
有时月明星稀
有时繁星点点
有时暗若空无

此刻，月光如洗
铺在广袤土地上的一层薄薄的透明的雾
温暖着天上人间
路灯是最善解人意的精灵
此刻它静若处子
眼睛骨碌碌地转着
照亮众生归家的路

有人人间清醒
有人不愿醒来

此刻，远方传来竹笛声声
长夜深沉
悠扬回荡
熟悉的音符萦绕
思念如洪水泛滥
我朝远方深深鞠了一躬
就像当年回望故乡的那一刻
竟已泪流满面

旧　地

明月悬空
江水长流
晚饭过后我们临江漫步
一个女孩在前方唱着明月几时有
我们走在后面各怀心事

多年以后
旧地重游
明月依旧
江水依然
然而物是人非
朦胧的夜色
更加深重

秘　密

庆幸的是
心底唯一的秘密
不曾被人捡拾
寂静得像一片夜
沉寂又沉寂

庆幸的是
平淡的日子
也有一些惊喜
比如在人流如织的大街
一回头看见你
那是多么的不可置信
那是多么的幸福

庆幸的是
我从未提起
当年写给你的那封信

最后的落款不是我的名字
所有的语言
我尽量不用自己的字迹
信中模糊的句子
是我青春泪的一滴

庆幸的是
我们各知天命
强求
不如不求
只要你往后余生
都是开满鲜花的日子

而我在远方
或近在咫尺
都会为你默默浇灌
那心底待放的花

梦想着有朝一日
我们从头再来
一杯茶一辈子
让心事淡漠
让秘密紧闭
换作是你
也是一样的道理

我想在这永恒的黄昏

我想在这永恒的黄昏
紧握你的手
让我们的老
到此为止

看，天边的晚霞绚烂
多像我们当初相遇的小城啊
温婉的，似你那浅浅的笑
羞涩的，像未成熟的扁桃
那时候的扁桃，满街地等着一场雨

看，天边闪烁的星星
多像孩子们清澈的眼睛啊
天真的，像雨后的晴空
喧闹的，像一树嬉戏的蜂鸟
那时候的我们，跟着时间赛跑

现在，黄昏漫漫
金灿灿的光线停留在发梢
我们的体内也被它浇注
我想在这永恒的黄昏
紧握你的手
看一树银杏
抖落一身的黄昏
让我们的老
慢品时光的褶皱

天花板

两天了，睁开眼便是天花板
除了隔壁床瘆人的咳嗽声
除了护士到点换药
除了疼痛
只剩空洞的孤寂

看起来很轻，像一阵风
拂过芦苇荡
水复活了
一滴一滴地注入血管
让痛感成浮云

盯着天花板
一切由重变轻
一切无足轻重
一个病人喃喃自语

轻者自轻
轻者自轻
轻者自轻

观　鱼

七月八日是观鱼的日子
凭栏拂柳
弱水日深
荷塘寂寂
偶有风起

众鱼摇曳
水面星星点点
欣喜的欣喜
沮丧的沮丧
涟漪一圈圈
像水滴击水
荷花低语
龙门入梦

一条鱼绕过怒放的花田
浮出水面

与我何干？
真诚的
胆怯的
盼望的
也许
我就是那条鱼
绕过花季
绕过江南烟雨
荷塘寂寂
偶有风起

南方之夜

其实跟地域无关
东西南北
一样是四季
唯一不同
是南方之夜
系沸腾之水
在大地这口锅里
不断翻滚
香味弥漫整个街区
而我在街道的僻静角落
跟往事干杯
一个人对着自己窃窃私语

其实我的心里藏着星空
每当夜深人静
星星都会照耀着梦乡
梦里我回归黄土

捧出诗句
万籁俱寂

所有天籁之音
今晚歇息
所有陈年往事
今晚与我惜别依依
干了这杯酒
我不再是我
我终将还是我

空气里飞动的闲云野鹤
已是明日黄花
风是最调皮的孩子
总是在盛夏掀起南方的裙摆
诱惑的
不仅仅是一路飘香的烟火

叫卖声声
而我独饮

如果南方是一杯酒
我会一饮而尽
如果南方之夜
是我的分身
我将抽身而去
留下浓浓的月色
铺满长长的街道
我能带走的不过是自己的影子
而你，除了占据我的心
我什么都带不走

南方之夜
星光照耀梦乡
我借着透明的酒
照耀自己

爱　不是我的想象

这些竹子
已经是脱缰的野马
在城市的上空驰骋万里
它的顶上
全是蔚蓝的天空

我蹲在孤独的街角
看着自己的掌纹
今天
不宜抛头露面

歌声从街尾那间咖啡屋传来
我们相遇
我们倾诉那些年月我们经历的无所适从
我们泪流满面
我们失声痛哭
我们对所有的过客说了声再见

我们打烊
我们明天从头再来

我们已经错过了几千年
我们在河边分手
在我们从未相遇的地方
写一首送别的诗

你不知道
我活着
已经不可能完整地
回到曾经相遇的地方

轮　回

端坐在飘窗
前面有细细的鼾声
如流水
光是多余的
此刻
除了细细的呼吸声
所有的
都是多余的

说什么好呢
日子太明亮
她奶声奶气地说了声爸爸爱你
然后
睡着了
我特别清醒
我不知道漫漫长夜
什么时候才能入眠

我只知道
遥远的地方
有一个遥远的我
他把来生放在森林
没有人可以找到的地方

今晚我清醒地迷失在梦里
朋友们举杯祝福
今生不远
而爱无尽
我在一粒尘埃里
点了三炷香
希望日落之前
我们都安然地回到久别的故乡

今晚
没有酒

却已深醉

今晚

没有你

夜色深重

向世界道声晚安

等到城市的烟火歇息
全世界可以安心时
每个人都走在路上
有的坠入梦乡
有的与星辰相伴

我站在窗前
看夜色浓重
很多年了
我看着夜色苍老
也看着自己两鬓如霜

逝去的如流水
未来的已经绕过指间
你我相遇
彼此已知对方如玻璃
透明

无处掩藏

其实我们掩藏什么呢
星辰我们藏不住
大海我们藏不住
天空我们藏不住
明知藏不住
但我们都紧紧捂住胸口
不让思念的心
供认出对方任何信息
也不供认
深爱过彼此

驱　使

已经从万物中剥离
太阳是我的兄弟
我在宇宙之巅
是一粒尘埃

渺茫
如哲学里面的无
也代表有
遗忘的
铭记的
只不过是一念之仁
或一念之幸

忍耐是有限的
爱却无限
所以我们伤痕累累
我们很不自觉忘却我们出发的缘由

我们一路
欺骗自己
一路把所有人都当作自己人

我说我死了
他们都不信
都举杯试探我是否还活着
我说我还在
他们纷纷收起外套
回到自己的巢

到这里吧
到这里已经是超出爱的界限
如果深入
也不过是泥土撒在身上
就像一场毛毛雨

从此，我是你遗忘的尘埃

从此，我与你从未相遇过

从此，宇宙有多大

我懂

但我不想回答

融　入

风融入云朵
云朵融入天空
天空融入寸心
寸心融入我
我漂浮着融入一座城

我在上空挽留
一江春水
半城绿树半层楼
红尘缥缈
心事如云

到某一天
我以某种方式融入
譬如化成雨
淋湿半座城
向你挥挥手
作别天边的云彩

我走了

我走了
从尼采的诗句里出走
我怕日晒
也怕阴雨连绵的天气

我走了
阳光下我跟影子一起
冒失地从草地上站起来
树干
是我唯一不能逃避的
伤

泪水珍贵
别轻易流下
我们所抵达的地方
万里晴空

分别总是伤感的
孤独成为无辜的伴侣
我在酒杯里看见
风吹碧浪

我走了
从母亲忧郁的眼神
从我未曾谋面的美梦中
悄悄地
走开

告别吧

亲爱的
一把斧头没有了森林
它只能独醉
此刻我在它劈成的床板上
翻阅我们的过去
关于我的
关于你和我的
都不留痕迹

天外传来三姐的歌声

——悼黄婉秋老师

天高云淡
阳光栖谷
春天的气息扑面
行走在山谷之间
黄花风铃木
花团锦簇
奔放无悔的青春
宛若丰收的稻浪在天空起伏
漫天的金黄
漫天的温婉
漫天的暖秋
今天跳着舞蹈驾鹤西去
唯有旧歌声可以祭奠
唯有漫天花朵可以沉醉

告别俗世
将爱留在人世间
待到天边歌声起
定是翩翩仙人
回故里

花朵，流水及其他

一朵绽放的寂静
两朵绽放的优雅
一簇绽放的灿烂
一片绽放成花的世界
是汹涌澎湃的花海

而水滴如露珠
徘徊在花瓣
轮回在你的指尖
你的指间流水潺潺
花开花落
尽在你的眉间
或万里无云
或阴雨连绵
或阴晴未定
一场雨来得突然
也是天经地义

曾经逃避
所有的辩解苍白无力
曾经追逐
所有的梦寐没入天地
而今春暖花开
流水有情
毕竟东流去
手里捧着的
眼里看着的
只是寸心隐隐
清风徐徐
找不到一个恰当的词语
表达对一朵两朵一簇一片的情意
在一片海的边界
只不过是芦苇
俯首对海的敬意

忘记我

忘记残月

忘记那些沁入心间的空缺

做一抔黄土

明天开始种下玫瑰

不为收获

只为一年一度都要盛开的花季

偏执地等一个落落大方的你

一条路

一条路伸向远方
就有了远方
一条路有了你
就风光旖旎

一条路在心里
阳光明媚
落英缤纷
你我不期而遇

一条路，一首诗

一朵花

如期绽放
在对的时间
开在对的地点
遇到对的人

花摘了
刺留下
从此痛自己知

一朵花，隐于市

一场雨

天气预报说今日有雨
但阳光灿烂
走在花期正浓的樱花林
淡淡的花香如沐春风
彩蝶纷飞
百鸟争鸣
雨还未下
但潮水却已漫过群山
直抵心扉

一场雨，漫过海

一阵风

很显然
有风拂过树梢
也拂过裙摆
昨夜缠绵的人已经走远
很显然
他们不知道
一阵风吹过
我把最美的一瞬
赠予了他们

一阵风，夹着雪

一杯酒

选材　下曲
发酵　蒸馏
封装　窖藏
父母酿酒的工艺
传到我这里成了一杯酒
摆在灵牌前
父母慢慢品

一杯酒，一生念

春　逝

从羽绒服到长袖再到短袖
被南方的城市缩成一夜之间的交替
花朵在自己的时空里绽放
蜜蜂在自己的领地传播种子
传播甜蜜的消息

叶子黄了
红了
在枝头它们给大地还以颜色
在天空它们骄傲地展示
日渐消逝的彩妆
在把绿色找回的季节
它们又要返璞归真
把春天还给土地
还给破土而出的尖芽

而今我走在田间地头
走在春天的中间线
汗水淋湿了衬衫
也淋湿了眼睛
告别并不一定需要仪式
有时候悄悄地离开
感觉会更加美好
至少回忆里
过往至简而斑斓

我只不过在田间仰望天空
把春天写进日记里
黑夜降临
它还以星辰大海
那闪烁的寒星是春天的眼睛
那汹涌的潮声是春天打鼾的声音

闭上眼灯火阑珊
再多的光也会被暗夜包围
再暗的夜也会被激情点燃
春天并未走远
今天开始
它默默地在你的心间长留

对　峙

在镜子面前风是静止的
没有谁逼迫你们对视
对面这个熟悉而又陌生的皮囊
是自己的
也不是自己的
谁知道对面的那一个人
是不是昨夜在街头迷失的那一个
反正每天相遇都无话可说
有些欢乐或者悲伤
对方看似很懂
却也似懂非懂
有时自言自语
说的又不是自己
对面的那个人曾经年少
曾经不知愁之味
日沉江底
暮色临眉

你们逐渐老去
像老树慢慢枯萎
你不想却又无法逃避
你与他对峙
在肉体之外
你们又是相爱的
在心底你们欣赏对方
也诋毁对方
直到有一天
你对着镜子
对面已经空空如也

回到原点

三年之后
我们回到生活的原点
但是我们之间已经有了沟壑
很明显
我们都不是当初的样子

我们当初一起欣赏秦时明月
你把手放在我的手心
狠狠地抓了一下
运动场上的月光就缩得很紧

其实我是真心地与月光为伴
倾泻下来的柔光告诉我
今晚
万籁俱寂
只有我形影相吊
在漫漫长街

与孤灯相互致意

我们都已经走了一百年
歌颂的
已经在心底生根发芽
失落
只不过是秋风里一篇日记而已

而我发誓从今以后
爱着这个让我微醉的世界
想着忘却
想着祝福远方幸福美满
就算恨意已经从月球降临
只好说
忘了我吧
忘了这个给你闪电雷声
和虚情假意的柔情蜜意

真的
除了欺骗你之外
我真的一无所有
我从深梦里醒来
发现我还是在原点
织着摇摇晃晃的网
在摇摇晃晃的人世间
沿着天边的光线
和众生簇拥前行
明天不远
黎明不远
只要稍等一下
我们眼前的河山
便会万丈光芒

寻　找

夜深了
赶夜场的人陆续散去
街角除了几个酩酊大醉的男人
街道冷冷清清
入秋了，天渐冷
路灯缩在树木的阴影里
今夜总有人不成眠

沿着空荡荡的街巷踽踽独行
天空很低，伸手可及
一身的疲惫
被寂静的夜色清扫，洁净
影子被路灯拉长，又被压短
斑驳的不仅仅是那颗消瘦的心
还有寒露过后退隐的火焰
心很温暖
信念也很温暖

向东，向东，向东
一路向东
深信，在路灯的尽头
有一个叫黎明的地方
闪耀着万丈光芒

很清醒

很清醒
清醒和意识
跟酒没有关系
我们心里都挂着一盏灯
忽明忽灭
今晚它们都不听我们指挥
在人间放烟花

这是我们心里易变的哲学
我们的生活就是我们的乌托邦
我们说想就是你说想
上帝或者核心
我们都不曾忘记
我们一直砥砺前行

告诉我今晚所有车道都可以通行
告诉我今晚没有人跟我一样日行千里

到尽头还是那样的千里风清
我跟她说
你现在这样图的是什么
我们的爱不值一提

所有的爱
除了对孩子
原则都是虚伪的
我们都以为自己很真实

然后回到家
我们一无所有
我们无言以对
我们所面临的沮丧
都不足一提

我在路上奔走
也曾试图把我的诗句印在街边的银幕墙上
他们说
你不说，比说什么都好

所以我并非醉酒
我只发现圆月弯刀
都带着血
有点腥
的确是人世间的味道

我能说什么呢
被逼的我不愿意说
不想被逼着
说违心的话
不知所以，也不知所以然

路很短
我们剩下的时间
更短

从人世间走过

轻轻地不想发出声音
比蝴蝶的翅膀还轻
从故乡的天空飞过
山川河流都是我们供台上的祭品
我们穿越丛林
穿越蓝精灵住过的小屋
穿过女巫蓝色的魔咒
对着镜子
多么丑陋地穿越荒漠
同时又发现人生
像人穿越自己的脉搏
游刃有余

从人世间走过
以为我们拥有的都可以拥有
以为我们思想所在
都能发出绚丽的光

以为我们活在济世时代
除了一杯酒
我们不会轻易供认

只有一种情况可以向你供认
那便是我不说
他们也对我的家乡了如指掌
即便是我所深爱的家乡
我也只是一个背井离乡的人
那里没有一个人
特别熟悉我

失　眠

失眠是一个不确定的概念
没有起点
也没有终点

钟摆是我最好的替身
每时每刻记住我们每一秒的历程
我以微小的声音默念
所有的空
一点点侵蚀我的实

重要吗
我们活着不过一瞬间
但在太阳系之外
已经是万世

归 根

在人间摇摇晃晃
寒来暑往
挣不脱的醉意
风起，人间摇摇晃晃

从冒着芽尖
到纹路清晰
到翠绿，到郁郁葱葱
一棵树托起无数个早晨，晴日，大雨倾盆
更多的是落霞，鸟鸣，星辰

无数的叶
溢出人间，风起，摇摇晃晃
季节更替
它们不语，它们的思念，摇摇晃晃
黄了吧，黄昏降临，心事泛黄

遥望远山模糊的幻象
薄雾缭绕，山中有琴音，缭绕
虫鸣忽远忽近，鸡鸣犬吠，柴门虚掩
泪如露珠，在叶尖，聆听乳名
枯了吧，夜色沉沉，一片叶牵出一匹
《辞海》里不知疲倦的马，回故乡

一片叶，趁着人间熟睡
悄悄落下
马蹄声远

思念无声

几天以前
大哥在微信上跟我说
老妈周三分纸，周五拾骨，周六卯时下葬
话不多
却寓意深重

我回答说
我一直守住妈妈的灵魂
到位
是最基本的准则

然后我跟远在贵州的弟弟说
他回复：必回
然后我跟已嫁的妹妹说
她回复：必回
然后我跟未嫁的妹妹说
她也回复：必回

怎么说好呢
失去才会知道珍惜
每一天口齿纷争
痛者知痛，不痛者假装痛
风沉默不语，它不想传播流言

但愿吧
明天的天空蔚蓝
但愿吧
明天的路途平坦
但愿吧
我们的爱在人世间至少代表一首诗
代表我们在人世间
跟别人没什么两样

守　灵

五月天
热浪一阵一阵
小山村被架在火上烤
我为父亲守灵
几天了
路过的没路过的都短袖加身
还有些男人光着上身

我穿着孝服
守在灵堂
显得特别的冷

问 候

我在朋友圈发了一首告别父亲的诗
整个山村就暗了下来
大雨将至
水蚁包围了院子
气氛沉重如铅

想不到这一次是永别
所有的都成了过眼烟云
我咬紧牙关也忍不住
泪如雨下
朋友圈刮来暖心的风
很多人都没有见过我的父亲
但写下的留言打湿了多年以前
我跟父亲筑起的墙

此刻墙上长出的小草
垂下头
注视未曾荒芜过的朋友圈

致父亲

他还没有把歌唱出来
天就黑了
那是他自己谱曲作词的歌
他寄给了广播电台
他每一天准时收听新歌速递
他曾经收到原创歌曲录用通知
也收到了绿色的邮政汇款单
他就这样给自己孤独的世界带来春天
也给孩子带来甜甜的软糖
和精美的笔记本
他与孩子们共同的欢乐
就是把春节过得像别家的样子

他今天到达山顶
跟救护车一起看见黄昏垂下眼帘
已经没有再睁眼的迹象
从村落到县人民医院

还有一段很长的距离
从南宁到县人民医院
也有很长的一段距离
这两段距离叠加
是漫长的回忆和即将降临的泪雨
撑住，我们都知道为什么

但死神的速度
比时速 120 公里
快了很多
来不及对上一眼
他就飘然而去

星星开始由远而近
像梦中那样铺满了整个天空
他已经没有返程的路
他们无尽的思念和伤悲

全都挂在星星的触角上
他把星星全部点亮
孩子的道路灯火通明
孩子或将吟唱他谱写的歌
或已经忘记从何唱起
或他早已将所有的音符封存
或他已经将所有的曲调倾付
给山川河流及那宁静的夜

待到星河璀璨
那些他写过的歌
在漫长的夜里
声声悠扬

是真的

不承想蚯蚓在地底下
行动自如
它们一路畅通无阻
在固定的时间
把一些人吐出来
然后把一些人吸进去

它们不知道
人类跟它们没什么两样
也在地里面钻
要么被吸取
要么被吐出

感觉我一直在蚯蚓肚子里面
任由它穿越
我最不能容忍的是
还没到站

它把我父母全吐出去了
强留我见证
人的一生
不由自主
也不屑一顾

谨遵医嘱

83 岁
凌晨头晕目眩
咳嗽，呕吐
无法起身，亦无法翻身
但意识清醒
三粒不同的药片
在瓶盖里着急得差点哭出声来

救护车灯闪
是夜里的虹
无声地闪着希冀的光
躺上拖床，上车
天上星，耀眼

春夏秋冬，生老病死
一生交给未来

连同药片，我们无法躲避
也无法逃避
疼痛无可避免，欢乐也是
只能谨遵医嘱，按时服药

银杏叶

二十年前的银杏叶
在塑料薄膜里面
安静地躺着
如果我不把它翻出来
它也许不见天日

从旧书堆里面翻出来
留有余香
色泽一如既往
但页面上多了不少孤独
青春里的她
纯净，寂静
如处子，相对无语

找一个可以写出爱的写手
在空白的纸上写写心的轨迹
云华

好久不见
不见好久

就这样吧
不能相见
不能长相厮守
只能相见如故

她喝醉了，那一个晚上
很少的酒，她就醉了
从来没有见谁有这样的醉意
但全部是真的
她是我的高中同学
也是大学断不了线的风筝
我不是线头
也不是握着线头的那一个人

飞吧
从我的天涯飞起
在银杏叶的纹路里
自由地飞

雨 夜

这个只能听到自己心跳的夜晚
除了窗外小雨淅淅
和孤灯下一个人的孤寂

其实我最怕的不是孤寂
而是孤寂里那些不安分的记忆
像窗外不断坠落的雨滴
让孤灯再一次迷离

归　去

路途不断在缩短
但我们之间的距离却是那样的遥远
仿佛是两个世界的人

最寂寞的夜晚
也只有最寂寞的人
配得起这苍茫夜色

从酒杯里挣脱
千言万语
过后再说

归去
归去
今夜自古伤别离

我在路上
看着时间苍茫
怎知此刻你在人间也彷徨

想着在你的身旁　或心口

寒风刺骨，海风漫送
走在临海街道
被暖色的路灯照着
心里也暖
想着在你身旁，或心口
沐浴更衣
聆听天籁之音，呢喃
是今晚蠢蠢欲动的音符
这样也好，已经没有什么可以表达
此刻被风堆起来的浪花
月下如星光灿烂

他们都说我在想一个人
在夜里，在海边，在山峦
有时候对饮，和你，或和自己的影子
总之所有的寂寥都与思念有关
今夜我靠近海

想着在你的身旁，或心口
聆听岁月如何把青春吹皱
也倾听大海把人间的消息
一一塞进梦的窗棂

在梦里，我在你的身旁，也在你的心口
看月色浓重，听海潮逐日的声音

秋　哥

我可以作证
2006 年的秋天
我未立之年
枫叶红遍山坡

我一直铭记
2006 年的夏天
在希望的田野上
有一颗星冉冉升起

我想我曾经有这么一个兄弟
行至天涯
我们之间的情谊长存如秋景
那份灿烂，别样温馨

路　灯

天空闭上眼睛
它就亮了
无论风雨
坚守是它不变的诺言
它不属于路
它只属于路人

它们群聚却从不相拥
烟雨迷蒙中
这光线的浓度
就是它能给予路人的全部

很多时候
人们并不关注路灯
就像很多时候
并没有人关注我

我是路人

今晚在路灯下一个人走

想着天上那个

时刻关注我的人

旧　事

真不想重提
既然它们已经没入尘烟
放下
以空瓶重新盛装纯净的液体
或重重燃烧的烈火
或放空
像我们当初来到世间

可是千里之外的你
为何放不下秦砖汉瓦
梦里金戈铁马
醒来心事如麻

江面吹来的风
吹过春秋战国的残垣断壁
也吹过你犹抱琵琶半遮面的娇容

今晚吹着我
旧事泛起了涟漪

云中锦书
凭谁与寄？
晚风不言，江水淙淙

春分的第二天晚上

春分的第二天晚上
很多想象在夜里发着光
城市慢慢坠入梦乡
只有天空中的月亮
不时打着哈欠
如我，走在寂静的路上
困意来袭却不敢合眼

用右手按住心脏
有节律的跳动让自己变得安详
如母亲的手轻拍我的后背
哄着我渐渐入眠

不，我要保持清醒
这条路我仅仅走到半程
城市和家乡的距离越来越近
如遇风雨也是风雨兼程

何况还有明月照耀家乡

不知此刻，家乡的明月
是否照着双亲的额头

闪

闪婚或闪离
皆是定律
无可改变

我看着翩翩起舞的蝴蝶
悄声地跟它们说，我们从了吧
阳光好像也没有少给我们什么
我们都雨露均沾

但是为什么要分开
法院是终审
我们所有的爱
不在法律保护范围

为什么路过的人都假装不认得我
为什么子弹不分方向
落入寂静的乡村

刚好我在村里喂猪草
也喂着贪婪的黑夜

他们说
合久必分
分久必合
是爱的悖论

惊蛰过后

惊蛰过后
该醒的都醒了
很多醒来就绚烂
很多醒来一如既往
默默守着一簇簇花丛

还没醒的
再怎么催促
也不会醒来
比如落在根部的枯枝烂叶
蚂蚁、虫子或暗物质正给它们举行葬礼

好不容易睡了个自然醒
窗外簇簇花丛格外耀眼
群鸟唧啾不停

默

一个老人在马路上跌倒
一群人路过
一朵花隐入土壤深处
一群星划过

花甲之年
对眼前事越来越模糊
而久远的记忆越来越明晰
小时候春天的日子过得很贫乏
但花开茂盛
如今春天的日子过得饱满，却有些疲乏
春天开始生病
慢性病

这也只是一面之词
但有人宁愿相信春天病了
也不承认自己偶感风寒

比如我
对于落花也是一样的无能为力

阳光在指缝间流淌
很多人沉沉睡去
多么暖和的春天啊
繁花盛开，香气逼人
我努力睁开双眼
一定要辨认出夏天
从山巅或街头或巷尾或某一朵迟开的花瓣上
悄然抵达的样子

此刻
我双手撑地
吃力地把自己这副不争气的肉身
慢慢地撑起来

把一些痛还给石头

把一些痛还给石头
再不还就得支付滞纳金
因为思念，我在山中哭泣好久
三月即将过去
我又何必伤感

我找到伤疤
帮它寻找归家的路
大山啊，你又何必沉默不语
你目睹这一切
石头的痛，我的痛，同时抵达
而我痛得那样深重

赋予我疼痛的，是柔软的心
他们却说我铁石心肠
如果我们不曾相爱一场
你又怎会知道

我的痛坚如磐石

把痛都归还了吧
很疲倦，但鹰还在盘旋
经幡飘荡。百鸟归巢
在山中
或许，可以忘却痛

门

打开门，阳光就照进来
屋顶的茅草晃动
有人醉酒
有人作诗

有人盛满一碗稀粥
喝下了大海
有人睁开眼睛
装满天空的风云巨变

有人从那扇门走出
再也没有回来

我在路上逗留

我在路上逗留
风停雨歇
感恩的心如这透明的雨滴
晶莹透亮
纯净的问候
泪如雨下

前路茫茫
风都是那么的伤感
从山底到山巅
爱起起伏伏

真想一直在路上
你永远不老
我永远爱你

无可表白的东西

说再多也没有用
人心是不可揣摩的
对应真爱
谎言不值一提

不承想谎言大行其道
我所有的付出被低价出售
叫卖声还不绝于耳
有些人被骗
然后遮掩从来没有被骗
有些人披着忏悔的皮
然后为所欲为
不思悔改

可以分离吗
既然已经遇见
不会有光照着我们前行的契约

我不一定是我的
但我活得并不卑微
我有喜怒哀乐
也有准备好了的勇气
你又何必假惺惺地说爱我一万年
一万年太久

忍无可忍，无须再忍
告诉我，你为何离我而去？

日　常

在客厅看电视
聊聊
转换不同的频道
还是抵挡不住睡意袭来

八十几岁的人
守着六岁多的人
幸福不言于表
但失落丛生

归家吧，路险且长
笑靥无法拒绝
我们披着阳光
在闹市走过

很多生死，在街边的屏幕轮番展播
很多麻木不仁，光明正大在街边游走

颂词在飙升
有人下坠

比如我
从天上回到人间

重拾那些散落在地上的时光

重拾那些散落在地上的时光
双鬓飘霜
我们从哪里分别
哪里就有四季里沉醉的文字
飘落

昨夜秋风又起
前路茫茫
街边泛白的光
一如既往
我们各自踽踽独行
在旧日历上
遗忘

遗忘是最好的解脱
既然大家无法言说
清晨到黄昏

世间渺渺
风雨飘摇

不想说，不想说
那些旧日的时光
如秋叶飘落
落寞的长椅在湖边
静坐着一个绚丽的黄昏

再走一步

再走一步是深渊
我警告过你
不要再靠近

醉得一塌糊涂
烟雨迷离的前路
有谁不顾一切
等我的归途

也许这一路
我忍不住要哭
也许这一路
我饮下你种下的毒

爱情的毒啊
我没有按剧本所说

成为罂粟
我挣扎着
努力，成为我自己的蛊
蛊惑自己，也蛊惑未来

猝不及防

一场猝不及防的雨
潜入黑夜
惊慌失措的鸟鸣
穿透雨滴
直抵内心
花落满地

一场猝不及防的雨
要诉说一生的颠沛流离
梦中的你可曾听见渐远的春意
以及渐近的如火的步伐？
你的到来
我在人间猝不及防

烟草的味道

不抽烟的男人
在烟雾缭绕的酒桌
不时咳嗽
他想，如果都不抽烟
该有多好

不抽烟的男人
喜欢烟草的味道
不点燃，比点燃的感觉好
香

没有点燃恋情
其实也蛮好
没有轰轰烈烈
只有爱得真切

不抽烟的男人
把香烟放到唇边
哭得像伤心的孩子

清明节赶路

因为一路塞车
已经不少次赶不上最佳的时间
上香烧纸钱祭拜
走走停停
归心似箭

有没有可能
让导航仪上深红色的线路变成坦途
有没有一种爱允许不用奔波
也能抵达这些一年才有一次的原点
爬坡涉水
张择端的画笔已容不下更多的车水马龙

路上有人兜售杏花酒
有人埋怨看不见尽头的路
有人在车上眯了一会儿
有人开始流泪

穿越迷雾

春节之前
北方降大雪
南方刮南风

湿漉漉的可以成冰
湿漉漉的可以是墙壁地板还有天空
都是潮湿的水
我知道，每到这个季节，风都是湿的

我的裤脚湿了
因为踩水
冷就是那样的循序渐进
待我心灵湿透
我只好在人世间浮沉

前路迷茫
看不见自己

影影绰绰，是谁拨弄琴弦
让我回到久违的故乡

放过自己
放过那些起起伏伏的脉络
云之上
我是华丽的篇章之一
除了爱
世间再无他物可轻易敷衍而过

阳光灿烂
从云层照出来
凡人看不见
本来我们可以看见的
因为我们曾经如此相爱

像一首诗静静待在自己的书里

神经衰弱，背负的不仅仅是失眠
还有那永无休止的亢奋
白天昏睡。时光偶尔静止，有时也倒流
比如昨天发生的事，好像是在梦里
所说的话所遇见的人所流下的泪
好像已经发生，也像从未发生
灵魂和肉体分离的痛
全部刻在额头上

把不同颜色的药物分类
把不同功效的药物分类
放在不同的方格
谨遵医嘱，按时服药
这是铁律，灵魂这么说的
肉体却很多时候游弋在铁律之外
很多时候灵魂坚挺
肉体却已经不省人事

真想有种不用药物的疗伤
真想有种灵肉合一的秘境
很多年了，一直追寻灵魂所指
也渴望世界安宁，无战火，无伤害，无不公
睡一个安稳觉，像一只船停泊靠岸
像一粒药填补肉体的某种缺陷
像一首诗静静待在自己的书里
合上书本，闭上眼睛

今晚夜色凝重
走在夜色里，想成为细小的黑夜
路灯不语，照着路面也照着我
前路漫漫
等路灯闭上眼睛
黑夜又给我送来整个黎明
和黎明之后那耀眼的光

错　过

错过了几个星际
我们仍游弋在阿基米德的原理里
所有的抱怨遇见黑格尔都默不作声
就像现在你的眼神
比任何语言都有杀伤力

一生浮浮沉沉
我们并不是浮萍
所有经历过的都可以证明
那一个苹果掉在牛顿的头上
不是必然
而是必然的千万分之一

很多时候很多人都自我感觉良好
因为这个世界允许不同的花绽放自己最美的瞬间
我们展示自己最好的一面
也不是不可以

那些摆在台面上的词语
均已被修饰

我们相逢并相爱
没有任何理由
门不当户不对的是我们的机遇
感谢这世间
让我们拥抱在一起
尽管不时恶语相向

错过绚丽的云
也错过我们前世的呓语
已经记不起
也已经无力去回忆
我们在人间相遇
擦肩而过也只能无语

错过了

也许明天你会遇见

另外一个踽踽独行的你

春天里的北风

今天是立春
农历说春天已经到来
从地铁口出来
脸庞被割裂
不知道北风为何把刀搁在我脸上
雪下个不停

我脱下外套
露出秋衣
冷从体外侵袭
我感觉到冷，却从来不害怕
来自体外的东西不算什么
能摧毁自己的
唯一的可能只有自己
所以我必须在有生之年
实现梦想
在你想念的地方站成一个雕塑

一个你随时随地可以遗弃的雕塑
我等了那么多年
沐雨临风
我站成了我自己

北风在身后
也在前方，那片花海
已经盛开多年

扫 墓

路途无论远近
也不论艰险
每一年总会有这么一天抵达目的地
祭拜祖先

各有各的心事
但都希望变好
上香倒酒烧纸钱
燃放爆竹，好像仪式感越重
愿望就越容易达成

仪式结束
一切归于平静
身后传来满山的鸟鸣
我们或许忽略了
一年四季，鸟鸣从未终止
而我们连羞愧之心
都是那样的无足轻重

无　眠

任由睡意被一点一点蚕食
甚至听到蚕食的声音
街灯依然明亮
窗外偶尔有细碎的脚步声

长夜漫漫
燥热的空气流萤纷飞
天空中残月如镰
星星邈远

闭上眼
都是重复这些年
无法拾取的四月天
你在那边
我在这边

今夜无眠

倾听蛐蛐的低吟浅唱

倾听蝉鸣或飞鸟的梦呓

倾听自己心底逐渐逼近的潮汐

晚　归

风悄悄地在耳边说
该回家了
家在焦灼地等你归去
而那些笑脸是那样的不舍
觥筹交错，很多时候不忍放下

声音越来越大
隔壁包厢也传来阵阵喧哗
谁在依依不舍
谁在暗自伤神

很快会变得空空荡荡
街道也是
晚归的人不多
但基本上都是赶路的人
赶路的人有时候
心里装满家

有时候却是空空荡荡

我沿着空荡荡的街道
迎着晚风，打理着自己
经常被忽略的
空荡荡的心灵

与明月

一定要有足够的凝视
低下头，悬挂的明月依然圆满，照亮黑暗时刻
一些远景幽深
但虫鸣很近，流水不止
有人沐着月光
想着与月无关的事
月光执着，他走到哪里，便跟到哪里
悄悄地，默不作声

月光照人心，若群山起伏
这幽暗的森林与湖泊
反射眼角丝丝的凉意
思念有多深，无以丈量
而明日近在眼前
父母不在了
剩下的只有归途，这月色
敲打着半掩的心扉，寂静

一无是处，亦无所适从

紧紧抱住这一域浓浓的月色
心是暖和的
刚刚好，湖面没有激起太大的波澜
夜跑的人也只是轻轻飘过
散落路上的月色斑驳
树影让它们更有深度
在归途，月光有时候是灯塔
有时候是慈悲的神

谁都不可以阻挡
除了放逐的云
刚好打马经过

雨后的阳光

突如其来的雨
在初夏，下得特别淋漓尽致
被雨水冲刷过的阳光
洁净 温润 晶莹透亮
水珠在草尖闪烁
天空还有迟到的雨坠落
运气好的话
还可以收获一道彩虹

怀着心事在小区的道路上漫步
阳光穿透整个腰身
落花满地，蜗牛开始横穿过道
灌木丛中，躲雨的蜘蛛静静地待在网中央
鸟鸣清脆，好像在为这明亮的阳光歌唱
因为旋律优美，所以沁人心脾
尽管不知道它们想表达什么意思
却也阻挡不了路人侧耳倾听

雨后寂静
除了鸟鸣，就只剩下心跳了
阳光正好
埋藏再深的心事，也能被照耀
总觉得此刻，有人在雨后的网中央
静静地等着心里的那一个人
自投罗网

不灭的灯

记忆里
每一次回到家
灯都是亮着的
再晚都有一盏灯亮着
还有一个老人在灯下默默地等

唠叨不可避免
但我都默不作声
眼含泪水
静静聆听

现在回到家
自己开灯
夜深人静
静静聆听自己心里澎湃的潮汐
眼含泪水
再也听不到唠叨的声音

一盏灯一直亮着
我强忍泪水
看窗外夜色浓重
偶有路人行色匆匆

只想问一句

几千年了
循环往复
人们都说这一天龙抬头
纷纷细雨
朦胧了多少凡夫俗子的眼

我只想问一句
这么多年以来
究竟是哪一个月明星稀
还是杨柳依依的深夜
长发飘飘的你
低眉含羞
把头深埋

粉黛乱子草

占有一席之地
在远离喧嚣城市的光里
柔风轻拂，满目迷离
婀娜多姿，轻轻自语

喜欢这样的寂静
藏身在你的领地
不忍别离
这粉色云雾，及云雾里的你

你被云锁住
我被你锁住
我们相对无语
不远处，一群麻雀“噌”地飞上树梢

有多少泪水可以倾付

有多少泪水可以倾付
喝完一坛酒够不够？

每一次路过都有落花
枝头花簇摇曳

全世界都有冬天
但我心里四季如春

每当感觉黑夜漫长
就有一缕阳光挤进了窗棂

有多少泪水可以倾付
今晚，人间如许，爱如珠露

等一切安好

一天的忙碌终于可以停歇
手机里许多的信息没来得及翻阅
还有几个未接电话标红
静音的好处是免受电话骚扰

街灯都亮了
这几天天气很好
一轮明月高悬
冷冷的光照着热气腾腾的路边小摊

终于可以坐下来吃一碗粉
与陌生人一起围着小方桌
偶尔点头致意
然后各自散去

南方的夜并不寂寞
灯火阑珊

哄着那些不眠的孩子
很多孩子把黑夜过成了白天

回到家，电视机播放着战火硝烟的画面
受伤的孩童，无助的眼
无意中泪流满面
我们应该感恩现在的美好

等一切安好
等一切都坠入梦乡
我将真诚地向世界表白
爱你，用我的全部

偶尔冬季

南方不相信这是真的
橱窗里的冬装也不相信
一夜之间，它们成为宠儿

一场雨或许是搬运冬季的马匹
喜欢把大雪和冰冻三尺运往北方
往更北处或许是它的故乡，常年冰封

而南方是它的远亲
偶尔兼程，潜入南方的夜间
嘶嘶马鸣，冬季来临

雨在风中飘，风中马蹄疾
待明日雨停风轻，落日余晖散尽
冬季如梦，一醒即散

偶尔冬季

应是北方来客

匆匆相聚，匆匆别离

南方的冬季

很短暂
我们这一生很短暂
南方和北方的区别
在于冷或者冷热之间

昨天还是夏天
今夜我却瑟瑟发抖
可以肯定不是一般的冷

在南方
冬季是无可预测的
往往秋天一过
仅仅一天，就可以翻出那些已经沉眠已久的羽绒服
还有毛茸茸的帽子

立冬在帽子的边缘徘徊
阴雨天气降临

让刚有存在感的冬天
被这突如其来的热带风
一下带回了夏天

南方的冬季
不是固化剂
立场决定空气中的因子
冷热自知

我不知道明天是该穿上风衣
还是跟那些年轻人一样穿着短袖
在南方
我们的衣着
可以一样
也可以跟风不一样

寒冬的早晨

把闹钟调到工作日的六点二十
在南方不算严寒的冬日里
每一个工作日的早晨
都有一场残酷的斗争在被窝与寒气之间
不停地争斗
让太阳穴钻心地疼

基本上每一次争斗
灵魂都赢得胜利
肉身从被窝里被无情地拖出来
被牙刷鞭打，被牙膏封口
脆弱的牙床，经不起折腾
也一样举手投降

灵魂啊，可不可以假装脆弱一次
让肉身获得一场虚空的胜利
空气中，灵魂喘着粗气
肉身却已驾车在黎明的胸膛上狂奔

午　后

斑驳的日子，午后会慢慢变长
阳光柔和，像你那目光，藏有一江春水
波光粼粼，煮茶，品书
看窗外树影婆娑
蝉鸣悠远

这个难得的周末
独处，一个人面对自己
宁静，宁静的光，宁静的床
它们相互拥有，相互厮守短暂的光阴

茶越冲越淡，但相思浓郁
从书香里走来的，又被我合上
越短暂的越显得悠长
有时候不用相聚
一个人享受这迷离的光线就好
谁说不是呢

很久没有收到你的信

很久很久没有收到信了
很久很久没有收到你的见字如面

记得以前每隔一段时间
你都会寄信给我
说你所在的城市下了百年一遇的大雪
从未见过世界如此的洁白
纯净如梦里的月光
照着遥远的家乡
你还说你那里的春天很长
也很丰满
所以特意藏好春天最美的一瞬
寄给我

你写的每一个字是那样的隽秀
像辽阔的天空中飞过鸿雁
信笺沁人心脾的味道

像晨曦中的香水百合
你写的每一个词每一句话
都铺上一层薄薄的月光
像晨雾萦绕在绵延的山峦

信中你回忆我们一起走过的路
说起我们最初的相遇
占据了整整一个春天
那时候花开不败
星沉大海

可我们不知不觉已经走散
尽管在寒冷的冬天
依然还能体会到你的暖
却怎么也想不起我们什么时候走散
在哪里走散
为什么走散

现在

我从清晨走到黄昏

从翩翩少年走到两鬓如霜

每一步都忍不住回眸

期待不经意间

在汹涌的人潮中

看到那张熟悉的脸

如果是这样

就算在梦中

也是十分的幸福

一塌糊涂

这些幻想
是真的
只是有些人不承认而已

天空蔚蓝
大海蔚蓝
还有诸多诗人心房蔚蓝
所有的蔚蓝
来自心底
来自很多虚无缥缈的地方

为什么负重前行
没有人告诉我
前面倒下的不是累
而是信仰

风一直吹过

却从未展现自己的痕迹
我们被柔和的风吹拂
我们都感觉到春天已经近在咫尺

树下
是自己的阴影
那些熙熙攘攘的话语
茶余饭后
可以让他们找到归宿
找到流言蜚语抵达不到的地方

向前，向前，向前
我们需要所有推动的动力
爱要爱得深沉
恨就算了吧
我们不需要恨这个词语
更不需要牙齿与牙齿之间那些无谓的争斗

今晚，世事无常
但月光如故
我在干完最后一杯酒之后
与月光爱得一塌糊涂

交　换

几千年了，都在交换
各自所需
到最后，交换回来的
是头顶漫天大雪

现在，给我感动
我就交出泪水
给我酒
我就交出睡眠和秘密
给我问候
我就交出拥抱
给我祝福
我就交出落满庭院的月光

我走在路上，交出背影
换来细细的叮咛
我伏在案头，交出诗句

换来温柔的抚慰
我回到家里，交出慈祥
换来满屋的呢喃
我梦回故里，交出思念
换来父母重生和燃烧的一炷香

我面朝黄土，交出皮囊
换回宁静的故乡

希　望

希望所有的花开是真的
希望所有的爱也是真的

在血液里背诵唐诗宋词
在大动脉里埋藏数理化
在问候声里说
爸爸
我累了

是啊
谁没有累过呢
从吮吸第一口奶开始就那样努力
我们有什么理由不在温暖的阳光里卖力

长大了也要有长大的样子
至少不要忘记来时路
我们的归途

可以从明天开始吗
爱所爱
做所做
我们有前世更有今生
你为所欲为
我无能为力

希望所有的
都是我想象的样子
希望我不负人间
不负这些起伏的琴弦

冬　至

最冷的天
与北方同时抵达冬至
白雪皑皑或艳阳高照
都在心底暖暖的，16 年来风雨无阻
抵住寒风
泪水化掉的冰川，有鱼飞过
雄鹰在苍穹，比冰凌锐利
比雄鹰锐利的，是我的孩子

冬至是他的生日，16 年了
他像箭镞，我像弓
姿势摆好
箭会射得更远，我相信
多年以后弯弓射箭
苍穹会多出一颗流星
我挂在墙上，布满蛛丝
遥想当年我弯弓射箭的样子

又一次告别

又一次告别
数不清或有意淡忘
聚聚散散的日子
地铁上的人们哈欠悠长
深夜的厚度
与梦对比
不值一提

而我薄如蝉翼的梦
在刚刚消逝的七夕
比夜色纯净
比对白更轻
就让它们一起消逝吧

明日降临
待我的灵魂再一次澄澈

阳光穿透我

请你静静聆听

有河水流淌的声音

止不住，深深想你

夜已深
风雨之后
道路洗得洁白
一切归于寂静
走在十字路口
风还是那样的柔婉

路灯刚刚睡醒
但我却感到困倦
过往的车流无声
自由
像流云在天上畅通无阻
迷离的夜色
美得像梦中那座璀璨的城

我们被柔风吹拂
也被晨曦照耀

而今晚
我只想一个人在月光下
把自己的影子抚养
一切都是那样的平坦
也是那样的无拘无束

走了很久
每时每刻都在想着那一瞬间
你在时间之上
如浮萍
你心若菩提
引人纷纷靠岸

所有的事物已经静止
时间是刻度
也是别离
握过的手

已长成参天大树
许过的诺言
如墙头的芦苇
有气势
无辩驳

一切均已安静
所有街道均已坠入梦乡
梦里小小国
彩虹永不落

今晚，把一生交给长夜
万物皆睡
唯有我
止不住深深地想你

忘记也很好

忘记也很好
这样会远离很多烦恼
就像今天的大街小巷
有人送花
有人牵手
有人静候一段遥远的表白

这一切很好
阳光已不再灼烧
它跟爱刚好相反
天空是洁净的帷幔
深蓝得又像鸡尾酒
它跟爱很近
容易醉
也容易上头

远方渺渺

今晚群星欲坠
摇摇晃晃的人间
灯火阑珊
忘记也很好
远方寥寥且伤感

接住了满天星辰
也未能接住你
脉脉的眼神
彼此为灯吧
就算照不到对方潮湿的心底
人间不老
忘记也很好

不能说

不能说
我在长长的街道
我是最小的度量
不能说
我在窄窄的街巷
我是肥大的企鹅

不能说天空是蓝色
也不能说
星空如洗
蓝色只不过是我翻倒的墨水瓶
五颜六色
天空亦如此

爱了吗
没有蓝色的爱
怎会有这七彩流云

散发的光
我们静静地看着自己变了颜色

爱吧
都是变色的
谁知道
明天经过的路口
会不会因停电
没有红绿灯

月光是前世奢侈品

今晚
月光是前世奢侈品
余生亦无可交换
思想痉挛
比坍塌还要危险
深林里迷途的小鹿
慌乱地等待熟悉的呼唤
而梦乡遥远
月光亦是
闭上眼
已不是人间

如　果

如果当初不能在一起
为什么选择在一起
如今咫尺天涯
照面不如不见

无辜的孩子
有谁知道选择
有谁真正有选择

别说了
谁都不想认错
都怪我
把爱撒在阴暗的角落
冷冷的月
照亮的恰恰是我
从未放弃的誓言

不如意

有机会可以让孩子转到
自认为更好的学校
带他看校园
带他看宿舍
带他看一望无际的球场

那是多么的揪心啊
他说他宁做鸡头也不做凤尾
不要用我们的思想驾驭他的未来
除非他不再是他

走出小区门口的第一步
我深深吸了一口气
终于可以不受情感的束缚
享受这纯净的阳光

一路走
一路流泪

等我老了

我问孩子
等我老了，动不了了
你会把我怎么样
孩子说
我会把你安放在温暖的小窝
沐浴在秋日的霞光里

明　镜

逃避已不可能
喷嚏已经打了好几个
一路无处所依
风雨中的别离
如此清晰

今晚没有你
星光依稀
夜色里无数的别离
谁知
暗涌的天堤

我知道，天是一面镜子
我在镜子里面
空空的
空空的如我
不变的别离

懂了吗
在床上躺了一天
不知日月
我云游四海
风不改初衷

蒙眬的眼睛
看得见吗
看得见那深邃如海的思念
看不见眼前如丝的影子

照见五蕴皆空
照见无
照见
无

理　由

理由很充分
我相信你
理由不充分
我也相信你
你随便撒一个谎
我还是相信你

转眼已过半生
过去的路越来越长
剩下的路越走越短
以前的事越来越清晰
眼前的事越来越模糊
我知道，相信你的时间已经不是太多
总有一天我会认不出你
认不出回家的路
到时候，请别来找我

我会在已经消失的地方
找回故乡，茅草屋，犁耙和折断了的炊烟
我会遇见已经消失的自己
遇见消失的衣衫褴褛
遇见我的课桌上，有我的名字
那位乡音浓重的启蒙老师
在教我辨认天安门，长江与黄河
教我如何把乡愁揉进作文本里

多么好的季节啊
那时候我们翻过几座山
去看公路上奔跑的汽车
去听汽车的吼叫和空荡荡的车厢
仰起头，偶尔会看见天空中飞过的鸟
以及鸟之上荒谬的蓝

多么好的遇见啊
我来到世上遇见父母
花开的时候遇见一池春水
碧波荡漾
到了秋天
我在枝头遇见了你
我的孩子

找个理由
让我忘记
如果没有，记住也很好
相信我一次，我已逼近黄昏
只相信一次，就好

告　别

其实这不是我的本意
告别太多了
就变得过于平常

而身上裹挟的污垢与日俱增
每天都用大量的水
擦洗着不再光滑细腻的皮肤
但有些污垢怎么洗也洗不掉
久了就堆积成皱纹和老年斑

有些记忆也洗不掉了
想想当年来到尘世时我是多么的纯净啊
而风从天空跌落下来
我身上就沾满了尘埃和污垢
以至于后来我对一个女孩说喜欢她
她不相信
多年以后

我也不相信
另外一个女孩邮寄银杏叶给我
过塑的，后来我怎么找也找不见
还有一个女孩说爱我
后来被一朵浪花蛊惑
消失在人海里

此后我发现自己的肉身像一块铁
锈迹斑斑，我忍不住落泪
一落泪锈迹就越重，逐渐暗黑
我想告别这沉重的锈迹
告别覆盖在锈迹上虚假的光
奋力变回当初纯净的自己
而风却在耳边低语
世间万物，很多不及你

如今已经习惯
每天晚上空出一个枕头的位置
等春天来临，让体内万物复苏
如果春天不来，等来一场雪也好
同淋一场雪，也算共白头

胸口的痛

很多年的毛病了
一遇到烦心事
伤口就裂开
像一朵花，在春天之外独自开放
而花瓣沾有海水
刚好渗进花蕊，已经折断了的花蕊

妈妈生前对我说
我在三岁那一年死过一次
持续高烧不退
路人都说放弃吧
就算活下来，也是低能儿
但妈妈没有放弃
她跟着外公提着煤油灯上山采药
有一种回魂草
只在夜里出现，如昙花，却不是昙花

七天七夜
我在摇曳的火苗里
活了下来
而我想哭，却需要巨大的勇气
火焰卡在喉咙里
一哭火势就变大
吐出来的，是一地的炭火

真的，感谢妈妈
生了我两次
如果不是这样，我怎么可能知道人间有冷暖
怎么知道爱，比恨要难很多
怎么知道爱与恨会成为反比或互补的关系
怎么知道低能儿也可以拥有整个春天

再怎样艰难困苦
也要治愈骨子里的残缺

到现在，已习惯了把自己的卑微和伤感
使劲地摁回自己的身体
伤口再痛也要含有笑意
在夜里留一盏长明灯
不是为你
只为防止这些痛和贬义词从体内逃离
夜深人静
伤及无辜

等　待

像我这样藏不住秋风的人
有时候一瞬间的事
如同过了几个世纪
等或是不等，都需要漫长的自我说服的过程
心里有石头就会很重
落地的时候才会变轻

而我整个身体，除了灵魂轻盈
萦绕在石头之上
其他的都重如泰山，或微不足道
曾经在十万大山深处看见巨石开满雪花
我就有种亲切感
那会不会是我的另一个分身，在等待

这都不重要了
现在只要能把火焰按回身体
一切都归于安静

一切都十分美好
每天晚上，我在黑夜身上撕开一个口子
天就亮了
闭上眼睛，天空又群星闪耀了

几千年了，我等在原地
你不来
我的柴门不开
我身上的积雪
常年不化

约　定

答应师兄今晚相聚
满怀欣喜
在十万大山的九曲回肠里
我开着车
一路的风景，在窗外魅惑

一直在追赶，一直在祈祷
风吹过的地方
有时间的刻度
我以为可以跟时间赛跑

皱纹变成了赛道
我们置身于外，假装还是年少轻狂
但晚风吹着
我拄杖前行
夜色凝重

契约，是人格的一部分
把一生的时间倾付
安然，才是我们不舍的追求
我们在人世间慢慢行走
慢慢见证时光锈迹斑斑
我们孤独
直到永久

朝你奔去
字典里面的所有的万劫不复
被我远远甩在后面

向贺州

登上复兴号，向贺州飞去
过柳州，穿桂林
破风而去的列车
有时飞过河流，有时飞过屋顶
飞到山上，巨大的风车触手可及
真想不到，小时候的风车已长大成人

但对于贺州
说不上有什么特别的感觉
就像父母安排我去远方省亲
尽管我未曾去过，但亲人们经常提起
我没到过贺州，却也闻到熟悉的味道
八步，黄姚，姑婆山
青铜鼎，麒麟尊，潇贺古道
今夜，不知道有多少楚风踏马还朝
也不知道散落的龟背
撑起了几次苍梧

一切安静，我如期抵达远方
一座长满山的城市
一群布满楼的山
我像陌生的鱼
一头扎进熟悉的大海

劳动者

这个姿势已经沿用多年
却从未疲倦
惰性被饥饿征服
美德从来就需要历练

弯下腰，就接近远去的亲人
直起身，孩子的双眸
就死死拴住，你这颗游离的心
从上至下，都是自己的亲人

但躬耕是祖上唯一可以珍藏的东西
不管走多远，汗水都是滴下黄土
生或死，都离不开这个地方

但劳作是那样的美丽
祖祖辈辈，在土地之上
辛苦劳作

却不能清理自己的坟头
漫长的草丛
是他们用了整整一辈子
都想要除掉的草本植物

如果思念是花朵

如果思念是花朵
那我的身体就是一座春天的花园
如果我的身体是一座春天的花园
那南国的四季就是我的样子

走在城市的街道
想着堂弟在朋友圈晒出的花朵
它们开在老屋的边角
灿烂而不拖泥带水
老屋一如既往，寂寞
等一个乡音从城里归来

从清早走到黄昏
在城市的街道
我遇见无数自己的分身
也遇见无数从天而降的熟悉的脸
他们嘴里衔着一朵梅花

像衔着一场雪，在炎热的夏天
铺天盖地

我按住从心口
探出的花朵
泪水在眼眶里不停地打转
我忍住，不让这座花园在大庭广众
哭出来

夜　行

说清楚吧
从哪里飞升
酒宴的觥筹交错
犹在耳边
路的尽头
泛起诸多的忧愁

那些被点亮的街灯
伴着我装聋作哑
我们都不想，被人关注
然后被人轻易遗忘

他们还在街边喝酒
摆在面前的是烧烤和沸腾的牛腩
我不能停留
前路是我不变的追求

向前走
也许可以上高楼
也许一路
都有落不尽的忧愁

夜行的人
回家吧
只有家才能装得下
你掀起的星辰大海

葬　礼

他们在举行一场葬礼
为一堆巧舌如簧的朽木
唱着赞美诗
他们秉烛，为死亡歌唱
为一根虚空的权杖
歌功颂德，夜空中看不见的伤
绽放

他们卑微，做着卑微的事
有人无耻，无耻地为自己立碑
篝火映照着下垂的脸
死亡在慢慢死亡
重生却是那样漫长

经幡飘扬
与风，与浊泪，与萤火

他们埋葬了光
成为黑夜
而我在黑夜的背面
身披晨曦，马不停蹄

风铃谷

第五辑　当我们仰望星空

平行时空

始终相信
真实存在，始终相信一切都已发生
或正在发生
不管是白天还是黑夜
梦境最真实
从来就不会说谎

所以我梦见的绝对是真的
哲学的悖论
也无从反驳
因为它真实存在
我们的每一个瞬间
每一个悸动
都饱含真理
尽管我们不知道真理到底从何而来，又往哪里去
我们心中，看见的即存在
存在即合理

合理就应无所顾忌

所以可以让自由发光
微醺之后
任何人间清醒
从来就看不见外来星潜入的光
我们面对镜子，羞愧不已

谁来主宰酒后的世界
问我
我又可以问谁

天　体

巨大厚重的，镶着金边的圆
滚动，朝着我，窒息
奔跑是唯一的出路

向前狂奔
地平线不断下降
我踉踉跄跄
逃离，逃离，逃离
越来越近，压迫感越来越重
狂飙，狂飙，狂飙
在宇宙之上
我在逃离一个天体
浑圆，厚重，漆黑，镶着金边
老一辈说这是天狗吃月亮
我被一个巨大的饼追杀

如果能啃上一口该多好啊

小时候中秋节干硬的月饼都降服于我们的牙床
父亲把月饼摆在院子里的小圆桌上
月月对视
我在星光下对着月饼又一次咽下口水

祭奠的时间太久
已经不合逻辑
等到父亲从梦中醒来
月饼如梦
我们所爱
在月圆之夜
在寂静的村落
月光如洗

现在，父亲不在了
但每一年中秋
月饼永在

在夜里变身追赶我
压力压力，奔跑奔跑
我想尽快逃离巨大的阴影
逃离镶边的月饼
不管莲蓉五仁还是双黄蛋
月光依旧，却已不是父亲在时的月光

我坐在其中一颗星球
看万籁俱寂
星群可有可无
但总有一颗，在遥远的天际闪着寒光
透着晶莹剔透的杯盏
一轮巨大的圆月
慢慢地从我的酒杯升起

打桌球

在我小的时候
桌球是我们乡镇里面的时尚运动
很多人都会打
他们赌对方拿不到赛点
也赌对方失手
碰不到目标球

后来我才知道
蓝色球才是最重要的
我们都倚仗它活着
倚仗它实现梦想
可是很多人不知道
所以忽视蓝色星球
忽视亿万年以来
微乎其微的小小尘埃

当人类把目标球推进网袋
直到空无
胜负已分
而在另外的时空
蓝色球被推来推去
在太阳的眼皮底下
有一只无形的手
翻云覆雨

在人间，我是尘埃
在天堂，人间是尘埃
在银河系，天堂是尘埃
在我心里，一切的星球
都是尘埃

地球仪

为了让孩子通晓地理
我在书城买了一个地球仪
跟他商量好把地球仪上面的信息掌握清楚
再小的国也是国

地球仪大部分是海洋
孩子说
我所在的地方微乎其微
更何况，我头顶还有苍穹

我说，孩子你看见的只是表象
在人世间只要你足够强大
海洋，苍穹，以及世间万物
都可以装进你的心里

我说这句话的时候
阳光刚好从窗口射进来
不偏不倚
照在转动的地球仪上

在埃兰迪尔等你停船靠岸

也不知远离地球多少光年
感觉牛郎织女星越来越遥远
平常我们所说的北斗七星
也已经与我们毫无关联

我脚下是埃兰迪尔
原来患上的恐高症
不觉中已经痊愈
现在双脚高悬，背后是漂浮的船

今夜群星闪耀
也不知道你在哪一座小岛
遥望天际，默默地祈祷
来年五谷丰登，没有战争

终日不眠，看千帆竞渡
数不清的惆怅和温暖

不管多久，我都在埃兰迪尔
等你停船靠岸

备注：埃兰迪尔（Earendel）是迄今发现的最远的恒星，距离地球约 280 亿光年。它反映了宇宙演化早期的状态，约于大爆炸后 9 亿年形成，它的光线用了 129 亿年才到达地球。2022 年，由哈勃空间望远镜发现。

当我们仰望星空

当我们仰望星空
身后是沼泽
冷从背脊延展

麻木的
像昏黄的灯
照见我们的心事
我们不想从自己身上丢失任何一样东西
我们只能祈祷
爱永存人间

我不想再看见
任何子弹穿过胸膛
也不想在我的诗行里
读到纷争 战火硝烟
今晚
所有的一切都相安无事

等待黎明
我们追求的
是窗棂爬上晨光时
不用数弹孔的清晨

物理老师

不知从哪里开始
风转向了
万有引力在灯下嘶嘶作响
他们不懂
星球之内
所有的纷争与平衡

物理老师在黑板上写板书
在宇宙星图上丈量光年
他手腕扬起的弧度
在力与力中震颤成闭合的弦

物理老师说，透过这个杯子
让万有引力沉淀在杯底
让相对论在思想里兴风作浪
此刻宇宙是粒子
你的思想是太阳系
而杯子是你我圈养思想最隐蔽的地方

月的独白

代表思念
代表聚散
代表孤独
代表愁怨
代表天上人间
洁白的，纯净的，代表夜里所有的光

所有的光是我所爱
在我身上的投射
我们轮流把光献给人类
我们永久分离

白天，我隐入地球背面
忍不住痛哭一场

高空作业

已经习以为常
在天地间作业
山与山之间，只有一条线
可以连接到光明的内心

离地千尺
村庄邈邈
阳光照耀着
他在天地之间，把光拧成光束
在暗夜
不停照耀
游子归家的路

很多霞光在歌颂
在电线杆上，很多光环缠绕
他好像拥有天地

拥有至高无上的光环
新闻联播在播放他的影子
只有他，不经意瞥了一下远方

天空是一块画板

孩子们都在上面涂鸦
心情好的时候会以蓝为底色
再描上棉花糖
到晚上会撒上金色沙粒
每一颗都眨着眼睛
有时也会把啃得差不多的月饼放上去
看着它慢慢长大

有时候不小心把墨水弄倒了
天空就号啕大哭
哭声最大的时候，画板就裂开
泪水，倾盆而下
父母说，乖，别哭，奖励你七彩天弓
这七彩天弓啊
可以射下来很多太阳
安置在世界的东方